Für Renate und Christoph Werner

– um Holstein nicht zu vergessen!

Antje Erdmann-Degenhardt

Nms, d. 26. VII. 88

IM SCHATTEN DES KALKBERGS — Antje Erdmann-Degenhardt

IM SCHATTEN DES KALKBERGS

Die Geschichte von Burg, Kloster und Stadt Segeberg

Antje Erdmann-Degenhardt

1988
Verlag C. H. Wäser, Bad Segeberg

Satz und Druck: C. H. Wäser, Bad Segeberg
ISBN 3-87 883-033-5

Vorwort

Auf dem Mittelrücken Holsteins liegt zwischen Trave, Segeberger See und dem Kalkberg die freundliche Kreisstadt Bad Segeberg. Wenn der Name fällt, mag man landesweit an Begriffe wie Karl-May-Spiele, Reitturniere und Möbeleinkäufe denken. Aber das ist nicht genug für diese schöne Kleinstadt mit ländlichem Einzugsbereich! Bad Segeberg bietet viel mehr. Es ist eine Stadt, zwischen Geest und ostholsteinischem Hügelland, mit reizenden Altstadtwinkeln und gepflegten Geschäften; eine Stadt mit dem Flair eines hübschen Kurortes, umgeben von zauberhaften Seen, Ausgangspunkt für zahlreiche Wanderungen oder Fahrten zu alten Dorfkirchen und prächtigen Herrenhäusern in unmittelbarer Nähe; eine Stadt am Rande des zweitgrößten Waldgebietes unseres nördlichen Bundeslandes und gleichzeitig sozusagen Vorort von Hamburg und Lübeck.

Darüber hinaus hat der kleine Ort eine reiche historische Vergangenheit. Er entwickelte sich allmählich im 12. Jahrhundert am Fuße des Kalkberges in der Talsohle und entstand nicht durch eine gezielte Fürstengründung. Vielmehr war er ursprünglich nur eine Randerscheinung zu der Burg, die im 12. Jahrhundert auf dem Berg errichtet wurde, der „Siegesburg". Der Name des Ortes leitete sich später von dieser ab, denn „der Sieg" heißt auf niedersächsisch „de Seg".[1]) Zeitgleich mit der Burg wurde hier außerdem ein Kloster gegründet. Auch zu dieser Einrichtung erwuchs auf dem Klostergrund eine kommunale Institution. Diese nannte sich später „Gieschenhagen". Segeberg stand in ständiger Konkurrenz zu Gieschenhagen und gelangte im Laufe der Jahrhunderte sogar wirtschaftlich und einwohnermäßig zu diesem ins Hintertreffen. Dieses änderte sich erst, als im 19. Jahrhundert beide Orte zu einem Gemeinwesen Segeberg zusammengelegt wurden.

Die Entwicklung dieses Ortes zurückzuverfolgen bis zu den Anfängen, ist eine reizvolle Beschäftigung, da sich, insbesondere durch die Burg, im Schicksal dieser Stadt ein wesentliches Stück der vielfältigen Landesgeschichte Schleswig-Holsteins widerspiegelt.

Und so möge man mit mir das Rad der Geschichte zurückdrehen zu den Anfängen von Burg, Kloster und Stadt, als alles begann . . .
Neumünster, im Juli 1987

Die Verfasserin

Eine Burg auf dem „Alberg“

Auf der Höhe des Kalkberges steht man auf geschichtsträchtigem Boden. Hier, nein eigentlich zwanzig Meter näher zu den Wolken, befand sich die Wiege Segebergs; denn der Berg war früher um dieses Maß höher. Erst durch einen jahrhundertelangen, intensiven Gipsabbau wurde er auf die heutige Größe reduziert.

Diese Erhebung — eine geologische Besonderheit im Lande zwischen den Meeren — ist heute wie früher das eigentliche Merkmal der Stadt.

Ursprünglich war die Spitze des Berges kegelförmig. Jedoch wurde hier spätestens seit dem Mittelalter Gips als Baumaterial abgetragen. In ganz Holstein wurde „Segeberger Gips“ als Mörtel und für die Stukkaturen an Kirchen, Klöstern und Herrenhäusern verwendet, ja, selbst die Hamburger ließen ihn sich per Frachtkahn über die Alster kommen.

Und was man wohl als zufällige Naturbühne ansehen mag — der tiefe Einschnitt, in dem sich jetzt die Freilichtbühne befindet — das ist durch den umfangreichen Gipsabbau hervorgerufen worden. Die dadurch bedingte starke Reduzierung des Kalkberges wurde erst 1931 eingestellt.[2])

Im 12. Jahrhundert erbaute hier der deutsche Kaiser Lothar eine Burg, die — mehrfach auf- und umgebaut — bis ins 17. Jahrhundert bestand und dann leider von den Schweden zerstört wurde. Ihr Standort, der Kalkberg, hatte ursprünglich den altgermanischen Namen „Alberg“ oder „Eilberg“. Das Gebiet um die Erhebung war damals Grenzland. Als eine Folge der Völkerwanderung, die seit dem 1. Jahrhundert n. Chr. eine Epoche der Gärung und Umwälzung gewesen war und die um 800 n. Chr. ihr Ende fand, überschnitten sich in Schleswig-Holstein drei Volks-, Sprach- und Kulturkreise: Zwischen Elbe, Nordseeküste und Eider saßen die nordelbischen Sachsen. Sie zerfielen wiederum in drei Gruppen: die Holsten, Stormarn und Dithmarscher. Im Norden unseres Landes lebten die Dänen und im Osten die Slawen. Die Slawen waren von den Sachsen durch den „Limes Saxoniae“ getrennt. Dieser war eine imaginäre Grenzlinie aus Wüstungen und Urwald zwischen dem altholsteinischen Raum und den durch die Völkerwanderung einst verödeten Landstrichen in Ostholstein und Lauenburg.

Restbestände dieser alten Urwaldgrenze sind große Teile des Segeberger Forstes, des Sachsenwaldes und der Hahnheide.

Die bevorzugte Lage des Kalkberges, der eine einmalige Beobachtungsposition in das Grenzgebiet bot, reizte schon früh die jeweiligen Landesherren — oder solche, die es werden wollten — ihn zu einer Festung oder Burg auszubauen. Der Erste, dem diese Idee kam, war Knud Laward. Er befestigte den Berg um 1127/28 — wenn auch noch provisorisch. Um Dänemark gegen drohende Slaweneinfälle zu schützen, wurde im Gebiet des späteren Herzogtums Schleswig eine Statthalterschaft dänischer Königssöhne errichtet. Diese Institution, die erstmalig kurz vor 1100 n. Chr. erfolgte, hatte dieselbe Aufgabe wie die fast zeitgleiche Einsetzung der Schauenburger Grafen für die Lande zwischen Elbe und Eider durch Lothar von Süpplingenburg im Jahre 1111. Dieser war damals als Herzog von Sachsen oberster Lehnsherr — sowohl im Wendenland wie in Holstein. Später wurde er Kaiser. Er wollte durch die Sicherung und Befriedung im Norden und Süden die militärische Überlegenheit der Slawen reduzieren.

Knud Laward war ein Sohn des dänischen Königs Erich I. Eiegod (1095—1103).[3]) Er wollte über die Eider hinaus auf eigene Faust seinen Machtbereich nach Süden und Osten ausdehnen. Als junger Mann war er am Hofe Lothars in Niedersachsen gewesen und bevorzugte das deutsche Wesen. In seiner Residenz „Jürgensburg" in Schleswig lebten auch zahlreiche Deutsche. Außerdem vermochte er es, deutsche Handwerker in sein Land zu ziehen. Seine Expansionsbestrebungen erfolgten mit ausdrücklicher Billigung Lothars.

Der ehrgeizige und volkstümliche Herzog — oder „Jarl", wie es damals im Dänischen hieß — hatte die Absicht, Schleswig und Holstein erstmalig zusammenzufassen und in dem Gebiet zwischen Königsau und Elbe ein Herzogtum im deutschen Geist zu begründen.[4]) Die Besetzung des „Alberges" durch Knud Laward konnte aber Graf Adolf I. von Schauenburg nicht unwidersprochen hinnehmen. Dieser war durch Lothar mit Holstein und Stormarn belehnt worden. Adolf I. (1111 — 1130) hob daher die dänische Besetzung auf dem „Alberg" auf und brannte 1130 die provisorischen Befestigungen Knud Lawards nieder. Adolfs überraschender Tod im Jahre 1130 und Knuds Ermordung im darauffolgenden Jahr durch seinen Vetter Magnus verhinderten weitere Auseinandersetzungen zwischen diesen beiden, auf ihre Art anerkanntermaßen tüchtigen und erfolgreichen Männern. Der erste Versuch, Schleswig und Holstein zusammenzufassen, war damit allerdings zum Scheitern verurteilt.

Karl Storch, Kaiser Lothar und Vicelin auf dem Alberg

Kaiser Lothar — der Stifter von Burg und Kloster

Zu der Zeit, als Adolf II. (1130—1164) Nachfolger seines Vaters wurde, betrieb Lothar persönlich den Bau der Burg auf dem „Alberg". Sie sollte der Sicherung der Missionierung und Kolonisation dienen und die kaiserliche Macht demonstrieren. Die strategisch einzigartige Lage auf dem weithin sichtbaren Felsen wirkte wie eine Faust! Lag sie doch brückenkopfartig hart an der Grenze zu Holstein im Slawenland. 1134 weilte Lothar in Bardowick, einer Stadt nördlich Lüneburgs. Hier erhielt er von dem Priester Vicelin, der zu dieser Zeit bereits im Falderagau — der Gegend um das spätere Neumünster — tätig war, den Hinweis auf die Eignung des Kalkberges. Lothar begab sich mit Vicelin auf die Anhöhe, um das Terrain zu besichtigen.

In der Person Kaiser Lothars betrat eine bedeutsame Persönlichkeit — und nicht die letzte — den Kalkberg. Lothar, dessen Name so viel bedeutet wie „Herr der Leute", wurde 1075 als „Lotharius von Graffe Gebharden zu Arnsperg und Hedwigen Burggräffing zu Nürnberg" bei Braunschweig in Süpplingenburg geboren.[5]) Er vermählte sich 1100 mit Richenza, der Enkelin Ottos von Nordheim, die große Güter mit in die Ehe brachte. Von König Heinrich V. wurde er zum Herzog von Sachsen erhoben. Heinrich wurde 1111 zum Kaiser des römischen Reiches gekrönt. Später bekämpfte Lothar ihn im Investiturstreit. 1125 erhielt Lothar in Aachen die Königskrone. 1132 reiste er nach Rom, wo er durch den Papst Innocenz II. zum Kaiser erhoben wurde. Als „Romanus Imperator Augustus" war er Lehnsherr für alle Völker des Römischen Reiches, von der Maas und Schelde, zur Memel, weiter bis Nordjütland und südlich bis nach Mittelitalien. Durch die Unterstützung einer reichen

Missionstätigkeit in diesen Gebieten gelang ihm die Herrschaft über die Wenden zwischen Elbe und Ostsee. 1136 zog er erneut über die Alpen. 1137 verstarb er auf dem Rückweg in einer Hütte zu Breitenwang/Reutte (Tirol). In Königslutter bei Braunschweig stiftete er ein Kloster. Hier liegt er auch im Kaiserdom begraben.

Vicelin — Priester und kaiserlicher Ratgeber

In Vicelin fand Lothar einen klugen Berater. Auch mit ihm bestieg eine bemerkenswerte Persönlichkeit die Felsen des Kalkberges.
Vicelin wurde um 1090 in Hameln geboren. Früh verwaist, kam er in die Domschule nach Paderborn und unterzog sich dort einem gewissenhaften Studium. Nach Aufenthalten in Bremen, Laon (Frankreich), Magdeburg und Alt-Lübeck, gefördert durch den Erzbischof Adalbero von Hamburg-Bremen, begab er sich in den Falderagau an die wagrische Grenze, um von hieraus die Wenden zu missionieren. Zuerst hatte das Christentum auch unter Kaiser Lothar noch nicht gründlich oberhalb der Elbe Fuß gefaßt. Im Gebiet nördlich des Kalkberges saß ein heimischer Gebiets- und Geschlechteradel als herrschende Schicht. Ihr Führer war der sogenannte „Overbode" — der leitende Volksbeamte. Der damalige Anführer dieser Adelsschicht hieß Markrad. Als Erzbischof Adalbero sich für einige Zeit in Meldorf aufhielt, begab sich dieser mit einigen seiner Leute dorthin und bat um einen Geistlichen für den Falderagau. Der Bischof entsandte Vicelin. Dieser wurde um 1127 Pfarrherr zu Wippenthorp im Gau Faldera. Er gründete in

Vicelin mit einem Modell der Kirche zu Bosau

unmittelbarer Nähe der jetzigen Vicelinkirche zu Neumünster 1127 das Stift der „regulierten Chorherren“, die nach den Regeln Augustins lebten.

Von 1141—1142 ließ Vicelin in Wippenthorp eine Kirche errichten. Von hieraus nahm er eine erfolgreiche und umfassende Wiederaufrichtung des Christentums unter den benachbarten Holsten und eine Missionierung der heidnischen Wagrier in Ostholstein vor. Nach einem Wendenaufstand wandte sich Vicelin an Lothar und wies ihn auf die Bedeutung des „Alberges“ hin. Lothars Zug zum Kalkberg läßt sich terminlich ziemlich genau in die Zeit zwischen dem 25. April 1134 — als der Kaiser in Quedlinburg weilte, um dann nach Bardowick zu reisen — und dem 16. Mai 1134 festlegen, als er urkundlich nachweisbar in Lüneburg gewesen ist.[6])

Kaiser Lothar und Richenza — Grabmal im Kaiserdom zu Königslutter

Ein Kloster am Fuße der Burg

Bei seinem Aufenthalt an der Trave hat Lothar den Bau der Burg und die Einrichtung eines Stiftes am Fuß des Berges angeordnet. Die Anfänge des Konvents muß man sich hierbei sehr bescheiden vorstellen.[7]) Vicelin beorderte aus Wippenthorp Chorherren dorthin. Dabei handelte es sich um keine Mönche im landläufigen Sinn.

Sie waren vollausgebildete Theologen, die Funktionen von Pfarrherren hatten und Vicelin bei der Verkündigung des Evangeliums zur Seite stehen sollten.

In der für den Konvent notwendigen Kirche, die die Chorherren erbauten, hat man sich noch nicht das eindrucksvolle Gebäude vorzustellen, das heute das Stadtbild Segebergs beherrscht. Die erste Kirche hatte wahrscheinlich nicht einmal am Standort der jetzigen ihren Platz, sondern ist etwa in Höhe des Rathauses, auf halbem Wege zur Burg zu suchen.[8]) Sie wurde bei einem späteren Slawenüberfall zerstört. Durch die Errichtung von Burg, Kloster und Kirche war für die geistliche und weltliche Eroberung des Landes ein bedeutsamer Stützpunkt gewonnen. Vicelin wurde zum Propst des Stiftes benannt. Für die Burg wurde ein kaiserlicher Vogt, namens Herrmann, eingesetzt. Um der kirchlichen Neugründung eine solide Existenzgrundlage zu verschaffen, versah Kaiser Lothar sie mit reichem Grundbesitz.

Im Laufe der Jahrhunderte wurde der Besitz des Stiftes durch Schenkungen, Stiftungen, Erbeinsetzungen und Neuankäufe vermehrt. Dadurch erlangte das Kloster erhebliche Einnahmen.

Helmold von Bosau — Klosterschüler zu Segeberg

In den Mauern des Stiftes, das man sich noch keinesfalls so umfangreich vorstellen darf, wie es spätere Abbildungen zeigen, lebte zwischen 1134 und 1138 ein berühmter Zeitgenosse, der später als Chronist Vicelins berühmt wurde: Helmold von Bosau. Vermutlich wurde er vor 1120 im Harzvorland geboren. Sein Vater mag Berg- und Brunnenbauer aus dem Rammelsberggebiet bei Goslar gewesen sein, der von Kaiser Lothar zur Errichtung der Burg gerufen wurde.[9]) Helmolds anschaulicher „Slawenchronik" ist zu entnehmen, daß er 1134 persönlich mit dem Kaiser und Vicelin auf dem „Alberg" gestanden und das Terrain sondiert hat. Zu den

Aufgaben der regulierten Chorherren gehörte auch die Lehrtätigkeit. Sie errichteten daher alsbald in Segeberg eine Schule, auf der vor allem Latein gelehrt wurde. Das Schulgebäude soll auf dem Klostergrund gestanden haben, dort, wo sich jetzt die Räume der Kirchenverwaltung befinden.[10])

Hier war der jugendliche Helmold Schüler. 1138 floh er nach Neumünster, als ein Wendeneinfall die kirchliche Institution zerstörte. 1139 wurde er zur weiteren Ausbildung nach Braunschweig entsandt. Dort lebte und lernte er vier Jahre. Vermutlich kehrte er 1143 nach Neumünster zurück und wurde Mitglied des dortigen Konventes. In Neumünster hielt er sich viele Jahre auf und nahm dort Anteil am Tode Vicelins im Jahre 1154. Nach 1156 übertrug ihm Bischof Gerold, der Nachfolger, das seinerzeit bedeutsame Pfarramt zu Bosau. Hier schrieb Helmold zwischen den Jahren 1163 bis 1168 die berühmte „Slawenchronik", die er 1172 fortsetzte. Sie behandelt die Christianisierung Ostholsteins und das Leben und Werk Vicelins. Sie endet mit dem Ausgang des 12. Jahrhunderts. Für die Anfänge der ostholsteinischen Besiedlung ist sie eine einzigartige Quelle, der die Historiker Gewissenhaftigkeit und Genauigkeit nicht absprechen.[11])

So sah das Gebiet um den „Alberg" im 12. Jahrhundert drei bedeutsame Männer der Politik und des Geisteslebens, auf die historische Quellen authentisch verweisen: Kaiser Lothar, den Priester und späteren Bischof Vicelin und den schreibgewandten Pfarrherrn zu Bosau, Helmold.

Kämpfe um die „Siegesburg"

Die ersten Kämpfe um die „Siegesburg" hatten ihre Ursache in politischen Differenzen um die Reichsherrschaft und damit auch um die Herrschaft in Holstein. Die „Siegesburg", ein ideales Zentrum für die Demonstration der landesherrlichen Macht, wirkte wie ein Magnet.

Vicelin konnte sich nach der Stiftsgründung und der Beseitigung der ersten Schwierigkeiten nicht allzu lange der neuen Einrichtung freuen. Im Zuge der politischen Auseinandersetzung nach Lothars Tod 1137 um sein territoriales Erbe erhob sich ein Slawensturm. Hierbei gingen 1138 die Segeberger Vorburg, die Kirche, das Konventsgebäude und die umliegenden Dörfer in Flammen auf. Die Burg blieb verschont. Am Fuße des Berges hatte sich eine kleine Marktsiedlung entwickelt, „eine villa ante castrum".[12]) Auch diese wurde zerstört, ebenso wie das auf klösterlichem Grund sich entwickelnde Gemeinwesen, das man später „Gieschenhagen" nannte.

Der Slaweneinfall hatte nach dem Tod Lothars seine Ursache in den ersten Konflikten, die sich zwischen Staufern und Welfen um die Vormachtstellung im Reiche entzündeten und in die Holstein und somit auch das Kalkberggebiet hineingezogen wurde. Lothars Schwiegersohn und Erbe, Herzog Heinrich der Stolze, vermochte es nicht, seine Wahl zum König durchzusetzen. Die deutschen Fürsten wählten vielmehr den Staufer Konrad III. Konrad machte Heinrich dem Stolzen den Erbanspruch auf Sachsen streitig. Der junge Schauenburger Graf Adolf II., Sohn des von Lothar protegierten Adolf I., hielt weiterhin zu seinem Herzog Heinrich. Daraufhin wurde er abgesetzt und mußte außer Landes gehen. Er suchte Schutz bei Heinrich dem Löwen, dem Sohne Heinrich des Stolzen. Neuer Graf von Konrads Gnaden wurde nunmehr Heinrich von Badwide, ein sächsischer Edler aus der Gegend um Lüneburg. Dieser holte zwar energisch gegen die Slawen zum Schlag aus, doch hierbei war es unvermeidbar, daß die „Siegesburg" wieder in die feindlichen Auseinandersetzungen verwickelt wurde. Im Winter 1138/39 fiel Heinrich in das slawische Gebiet zwischen Schwale, Trave und Ostsee ein. Dann wandte er sich aber auch gegen das kaiserliche Bollwerk auf dem Kalkberg, wohl um von hieraus das Slawenland und Holstein zu beherrschen.

Da der Kommandant Herrmann zu dieser Zeit gerade verstorben war, gelang es Heinrich auch, sich in den Besitz der „Siegesburg" zu setzen, die zu diesem Zeitpunkt ausdrücklich noch nicht zur Grafschaft Holstein gehörte.[13])

Doch Heinrich von Badwide hatte die „Siegesburg" nicht allzu lange inne.

Das Blatt im Streit zwischen den Staufern und Welfen wendete sich. Der Konflikt wurde vorläufig beigelegt. Heinrich der Löwe, als rechtmäßiger Erbe seines Vaters, wurde 1142 durch den Frankfurter Vergleich in die sächsischen Rechte eingesetzt. Damit konnte auch sein Gefolgsmann Adolf II. in seine Grafschaft und in Wagrien sowie auf der „Siegesburg" einziehen. Heinrich von Badwide erhielt als Entschädigung Lauenburg, versäumte es aber nicht, bei seinem Abzug die Burg Segeberg in Flammen aufgehen zu lassen[14]), da er sich hier nun nicht mehr zu behaupten vermochte. So lag nun alles, was seit 1134 auf die Anordnung Lothars hin auf und neben dem „Kalkberg" erbaut worden war, in Schutt und Asche.

Die „Siegesburg" – Residenz unter Adolf II.

Graf Adolf II. machte sich nun energisch an den Wiederaufbau der zerstörten Burg und umgab sie mit einer Mauer. Da ihm auch das neueroberte ostholsteinische Land zugesprochen worden war, rief er landesweit zur Kolonisation auf, um das Gebiet zu besiedeln. Auch das im Werden befindliche kommunale Gebilde erhob sich am Fuße des Kalkberges aus den Trümmern. Die Stadtentwicklung verlief nun unaufhaltsam.
Adolf II. schaffte als erster Schauenburger die Grundlage für eine eigenständige Herrschaft. Heinrich der Löwe hatte ihm die Segeberger Burg ausdrücklich als gräfliche Residenz übertragen. Im Zuge der Kolonisation Wagriens ließ Adolf II. zwischen Wakenitz und Trave eine weitere Burg erbauen und gründete damit Lübeck. So bekam er wichtige Einnahmequellen entlang der Trave: Burg und Marktsiedlung Lübeck, Burg und die neu aufgebaute Siedlung Segeberg. Adolf II. umgab die Segeberger Burg mit einer Anzahl von Ritterburgen. Ihre Besitzer gehörten zu seinem gräflichen Gefolge. Sie hatten alle das gleiche Wappen mit einem Strahl: die Tralau, die Scharffenberg, die Wulf, die Schlamerstorp, die Muggesfelde und stärkten seine Position.[15])
Zu dieser Zeit kehrte eine gewisse Ruhe für eine gedeihliche Entwicklung in den Segeberger Raum ein. Diese Ruhe war allerdings trügerisch!

Högersdorf – Vicelins Neugründung

Auch Vicelin und seine Domherren, die zuvor vor den Slawen geflohen waren, hätten jetzt unter Adolf II. an den Ort der Stiftsgründung zurückkehren können. Doch Vicelin zögerte. Er errichtete vielmehr in dem entlegenen Dorf Högersdorf an der Trave ein neues Bethaus und klösterliche Werkstätten. Vermutlich erfolgte diese geistliche Neugründung vor 1143/44.[16]) Die Chorherren blieben auf dem hohen Westufer an der Trave von 1140–1156. Dort wurde 1149 die neu errichtete Kirche feierlich eingeweiht.[17]) Diese Vorsichtsmaßnahme Vicelins erwies sich nur allzu bald als begründet. Als 1147 die mecklenburgischen Wenden unter ihrem Fürsten Niklot in Wagrien einfielen, gelangten sie bis nach Segeberg. Wieder gingen die Häuser der Einwohner in Flammen auf, während Högersdorf verschont blieb. Im Jahre 1148 wurde die

Siedlung um den Kalkberg und die umliegenden Dörfer erneut drangsaliert: Zwei dänische Prinzen, Svend Grothe und Knud Magnussen, kämpften um die Herrschaft in Dänemark. Beide erbaten Hilfe von Graf Adolf II. Dieser bot jedoch nur Knud Waffenhilfe an. Daraufhin landete Svend mit einer Flotte bei Oldenburg und verwüstete weite Gebiete Wagriens. Auf dem Rückzug versuchte er die „Siegesburg“ zu erobern, doch ohne Erfolg. Die steilen Felsen erwiesen sich einmal wieder als uneinnehmbar. Daraufhin zerstörten die Truppen die Siedlung am Fuße des Berges und brannten alles, außer Högersdorf, nieder.[18])

Der Neubau einer Stiftskirche zu Segeberg

Zu einer neuen Blüte von Kloster und Siedlung am Fuße des Kalkberges kam es erst nach Vicelins Tod. Vicelin war zuletzt Bischof von Oldenburg (in Holstein) gewesen. Sein Nachfolger als Bischof wurde der braunschweigische Hofkaplan Gerold.

Das junge Bistum Oldenburg — überwiegend mitten in Wagrien gelegen — zu dem auch Högersdorf und später die Nachfolgeinstitution des Konvents in Segeberg gehörte, war noch sehr arm. Es fehlte dem, ursprünglich von Heinrich dem Löwen protegierten, Bischof Gerold an Einnahmequellen und an klerikalem Hintergrund. So gebot er den Högersdorfer Chorherren, nach Segeberg zurückzukehren. 1156 wurde das Stift an seinen ersten Gründungsort zurückverlegt. Die Geistlichen errichteten zuerst wieder die zerstörten Klostergebäude. Dann begann man mit dem Bau der jetzigen Kirche. Der genaue Baubeginn ist nur zu vermuten.[19]) Es entstanden als erstes die für den Gottesdienst notwendigen Gebäude: Querhaus, Chor und das östliche Joch des dreischiffigen Langhauses. Die Kirche wurde zu Anfang des 13. Jahrhunderts, bis auf die Westpartie, vollendet und der Jungfrau Marie sowie dem Evangelisten Johannes geweiht. Sie wurde zu einem frühen Hauptwerk des mittelalterlichen Kirchenbaues in Norddeutschland. Ihre Gestalt ist heute noch im wesentlichen bewahrt.[20]) Ihr Baumaterial — gebrannter Backstein — stellte ihre Baumeister, die unbekannt geblieben sind, vor zahlreiche statische und künstlerische Schwierigkeiten. Die Stiftskirche zu Segeberg wurde zu einer der ersten Backsteinkirchen des Landes.

Bei der Kirche setzte man reichlich den bewährten Werkstoff „Segeberger Kalk“ ein. Die ersten Säulenkapitelle, die die Gewölbebogen trugen, hatte man mit hölzernen Gußformen hergestellt.

In diesen „Stuck“ meißelte man dann Blätter, Ranken, Flechtmotive und Palmettenfächer, als Symbole des Lebens.
Für die Decken wurde oben eine starke Holzverschalung in der Form des Gewölbes hergestellt. Den Zwischenraum verfüllte man mit Gesteinsbröckchen. Darüber goß man wieder Gips. Diese Technik hatte zur Folge, daß die Kuppen viel zu schwer wurden und das gesamte Baugefüge später seitlich auswich. Von den alten Gewölben stammt nur noch das dickschalige über der Vierung aus der Erbauerzeit.

Ein Bischofsdom in Segeberg

Als im Jahre 1158 das Bistum von Oldenburg nach Lübeck verlegt wurde, kam auch das Segeberger Stift unter die Obhut des Bischofs von Lübeck. Bischof Gerold erhob die Segeberger Kirche nach ihrer Vollendung zu seiner provisorischen Domkirche, denn mit der Errichtung des Lübecker Domes als Bischofskirche begann man erst 1163. Bis dieser fertig war, war Segeberg auch Bischofsresidenz.[21]) Kurz vor der Weihe des Lübecker Domes im Jahre 1163 erhielt Segeberg hohen Besuch. Erzbischof Hartwig von Bremen reiste nach Wippenthorp und weihte dort die Kirche. Dann kehrte er bei Graf Adolf auf der Segeberger Burg ein, um sich von dort nach Lübeck zu begeben.
Unter Bischof Gerold wurde das Segeberger Stift eine feste geistliche Institution. Segeberger Chorherren beeinflußten allseits im Lande die theologische Entwicklung. Ein späterer Lübecker Bischof, Dietrich, war zuvor zwischen 1164 und 1184 Segeberger Propst gewesen.[22]) Er regierte das Bistum bis 1216. Von Segeberg aus erfolgte eine Missionstätigkeit sogar bis in das Baltikum. Wiederholt segelte in den achtziger Jahren des 12. Jahrhunderts der Segeberger Chorherr Meinhard mit Lübecker Kaufleuten als Missionar nach Livland. Er gründete 1186 das Bistum Üxküll, das später nach Riga verlegt wurde.[23])
Dank der reichen Stiftungen hatten die Chorherren auf ihre nähere und weitere Umgebung auch wirtschaftlichen, kulturellen und medizinischen Einfluß. So wurde ein Hospital im Klosterbereich errichtet. Außerdem gründete man draußen vor der Marktsiedlung ein Haus für Aussätzige, das St. Jürgen Hospital.[24])
Die in der ersten Hälfte des 13. Jahrhunderts vollendete Stiftskirche hatte drei Funktionen: Sie war Klosterkirche für den Konvent, vorübergehend Bischofsdom und nunmehr auch Pfarrkirche für den kleinen Marktflecken.
Zwar mag beim Umzug der Högersdorfer Mönche nach Segeberg noch die kleine Kirche, vermutlich in Höhe des jetzigen Rathauses, in Sege-

berg gestanden haben. Sie mag auch nach dem Wendeneinfall für die Bewohner der Marktsiedlung wieder aufgebaut worden sein.[25]) Doch sie existierte dann nur noch zwei Menschenalter. Im Jahre 1216 wird letztmalig in einer Urkunde auf sie verwiesen.

Das Klosterleben begann, sich im 13. Jahrhundert auf sich selbst zu beschränken. Die Brückenkopffunktion in das Wagrierland war erfüllt. Ebenso, wie das Stift mit der Kirche geriet auch die kleine Marktsiedlung ein wenig ins Abseits, da sich das nahe Lübeck mächtig entwickelte und auch der dort vollendete Dom die Segeberger Kirche nunmehr in den Schatten stellte. Jetzt wurde das repräsentative Lübeck regulärer Bischofssitz.[26])

Die „Siegesburg" und Heinrich der Löwe

Von landesweiter Bedeutung blieb lediglich die Burg. Sie wurde das eigentliche Zentrum der Grafschaft Holstein.[27]) Sie diente neben militärischen Zwecken der Verwaltung und Bewirtschaftung des Landes. Bedingt durch die politischen Auseinandersetzungen, blieb sie auch in den achtziger Jahren und später ein ständiges Ziel militärischer Attacken.

Nachdem Adolf II. seinem Lehnsherrn, Heinrich dem Löwen, im Kampf gegen die Söhne des Wendenfürsten Niklot Waffenhilfe geleistet hatte, fiel er 1164 in der Schlacht bei Demmin an der Peene. Er wurde im Dom zu Minden beigesetzt. Sein minderjähriger Sohn folgte ihm als Adolf III. Anfangs führte seine Mutter Mechthild, zusammen mit ihrem späteren zweiten Gemahl, Graf Heinrich von Orlamünde, eine vormundschaftliche Regierung für ihn.[28]) Ende der siebziger Jahre des 12. Jahrhunderts war der Streit zwischen den Welfen und Staufern wieder aufgebrochen. Die Folge war ein Konflikt Heinrichs mit seinem Kaiser Friedrich Barbarossa.

Graf Adolf III. von Holstein (1164 — 1201) stellte sich nach einer Auseinandersetzung mit Heinrich nunmehr auf die Seite des Kaisers. Daraufhin fiel Heinrich der Löwe 1181 in Holstein ein. Er belagerte die Segeberger Burg, auf der sich zu dieser Zeit Mechthild, Adolfs Mutter, befand. Schließlich mußte man wegen Wassermangels aufgeben.[29]) Adolf III. mußte sich mit seiner Mutter auf das Stammschloß Schauenburg an der Weser begeben.

Heinrich der Löwe befestigte nun die „Siegesburg". Im Jahre 1182 nutzte er sie, wie seine Vorgänger und Nachfolger, als sicheres Staatsgefängnis: Er hatte den Landgrafen Ludewig von Thüringen gefangengenommen und verbrachte ihn auf den Kalkberg, in der Hoffnung auf ein statt-

liches Lösegeld. Doch Heinrich der Löwe konnte sich auf der Burg nicht lange festsetzen. Er mußte sich später zurückziehen und — als der Kaiser auf einem Kreuzzug weilte — sich solange zu seinem Schwiegervater, dem König von England, begeben. 1189/90 versuchte er erneut, seine ehemaligen Territorien nördlich der Elbe zurückzuerlangen. Wieder stand er vor Segeberg. Dieses Mal vermochte er die Burg nur einzuschließen, konnte sie jedoch nicht erobern.
Mechthild und die Gemahlin Adolfs III. flohen auf die Schauenburg. Erst durch den Frieden von Fulda im Jahre 1190 verzichtete Heinrich der Löwe auf große Teile seines Herzogtums Sachsen.
In diese Zeit vor der Jahrhundertwende muß die Zeit der Ausschachtung des tiefen Burgbrunnens fallen, der teilweise heute noch besteht.
Er soll einst 84 Meter tief gewesen sein. Als man ihn 1806 zu wissenschaftlichen Zwecken erforschte, fand man Rüstungsteile und verkohlte Balkenreste auf seiner Sohle[30]), Zeugen der kriegerischen Auseinandersetzungen um die Burg vor ihrer Zerstörung im 17. Jahrhundert.

Adolf III. — Hausherr auf der „Siegesburg"

Nachdem Adolf III. wieder in den Besitz der „Siegesburg" gesetzt worden war, wollte er von hieraus seine Macht ausbauen.
Doch er sollte sich nicht lange seiner neu erworbenen Residenz und der Burg auf dem Kalkberg erfreuen:
Als die Herrschaft Heinrich des Löwen zerbrochen war, ging Dänemark zu einem groß angelegten Eroberungskrieg im Ostseeraum von Lübeck bis nach Narva über. Hierbei wurde der dänische König Knud VI. (1182—1202) von unzufriedenen holsteinischen Adeligen unterstützt, denen Adolf III. keine rechte Anerkennung hatte zukommen lassen. Als Schwiegersohn Heinrichs des Löwen gab Knud vor, die welfischen Ansprüche gegen den Schauenburger in Holstein und Wagrien durchsetzen zu müssen. 1201 kam es deshalb in Stellau bei Kellinghusen zu einer Schlacht zwischen Adolf III. und dem dänischen Statthalter von Schleswig, Herzog Waldemar. Adolf III. floh in das holsteinische Hamburg und wurde dort gefangengenommen.

Im Zuge dieser Auseinandersetzungen wurde auch die „Siegesburg" erneut belagert und zwar ein Jahr lang. Sie kapitulierte 1202.
1203 verzichtete Adolf III. auf seine Grafschaft und zog sich endgültig auf die Schauenburg an der Weser zurück, wo er 1225 verstarb. Holstein und damit auch Segeberg wurden auf Jahrzehnte dänisch.[31])

Adolf IV. — der Städtegründer

Der ehemals dänische Statthalter von Schleswig wurde als Waldemar II. 1202 König von Dänemark (1202—1241). Holstein bekam einen neuen Landesherrn und die „Siegesburg" einen neuen Hausherrn. Denn der König von Dänemark setzte seinen jungen Neffen, den Thüringer Grafen Albrecht von Orlamünde, zuerst zum Statthalter von Holstein und Stormarn ein, später gab er ihm ab 1206 auch die gräflichen Rechte über diese Gebiete. 1223 wurde König Waldemar II. in einem Handstreich von einem seiner Vasallen, Graf Heinrich dem Schwarzen, gefangengenommen. Albrecht von Orlamünde hielt dennoch weiter zum dänischen König, was die Bevölkerung Holsteins gegen ihn aufbrachte. Da erschien im Dezember 1224, wie ein Retter vor der Dänenherrschaft, der junge Adolf IV.

Adolf IV. von Schauenburg

(1225—1239) nördlich der Elbe. Im Januar 1225 bezwang er seine Gegner bei Mölln und setzte sich damit in den Besitz seines Nordelbischen Territoriums. Waldemar gewährte man die Freiheit wieder, nachdem er u. a. die Länder südlich der Eider zurückgegeben hatte. Doch der dänische König gab nicht so schnell auf.

In der folgenden Zeit zwischen 1224 und 1227 trat bei den kämpferischen Auseinandersetzungen immer wieder die Burg Segeberg in den Vordergrund.

Nachdem Adolf IV. — von Itzehoe kommend — die Grafschaft Holstein zurückgewonnen hatte, wollte Waldemar die ehemals sächsischen Erblande wieder erobern. Von Dithmarschen aus belagerte er Itzehoe und zog dann 1227 nach Segeberg. Die Burg konnte sich aber halten.[32])

Gegen Waldemar II. setzten sich einige norddeutsche Territorialherren mit Adolf IV. gemeinsam zur Wehr und bildeten einen vereinten Truppenverband. Am 22. Juli 1227 — dem Maria-Magdalena-Tag — kam es zur berühmten Schlacht bei Bornhöved. Die Dänen wurden vernichtend geschlagen. Der Sieg von Bornhöved wird in seiner Bedeutung von Landeskundlern mit der Schlacht im Teutoburger Wald verglichen. Holstein wurde eine selbständige Grafschaft, Lübeck eine freie Reichsstadt.

Hamburg blieb zwar noch unter holsteinischer Oberhoheit, doch wurden dem Ort viele Privi-

Die Schlacht von Bornhöved

legien eingeräumt. Dithmarschen bildete unter der Oberhoheit des Erzbischofs von Bremen einen Freistaat. Die dänische Herrschaft war im Lande für das erste gebrochen. In der Schlacht soll Adolf IV. gelobt haben, Kirchen und Klöster zu bauen, wenn Gott ihn siegen ließe. So gründete Adolf IV. das Johanniskloster und das Maria Magdalenenkloster in Hamburg, ein Nonnenkloster in Reinbek und in Ivenflet an der Stör, sowie ein Kloster in Cismar. Später stiftete er das Marienkloster zu Kiel.

Unter Adolf IV. festigte sich innenpolitisch die Position eines Grafen von Holstein. Seine Stellung war weitaus stabiler als die seiner Vorväter. Unter ihm geriet auch die Segeberger Burg, nicht nur als Residenz, landesweit erneut in den Mittelpunkt des Interesses. Abel, der Sohn des Dänenkönigs Waldemar II., war seit 1237 mit Adolfs Tochter, Mechthild von Schauenburg, vermählt. Die Hochzeit war einst nicht, wie man es hätte annehmen können, auf der väterlichen „Siegesburg" gefeiert worden, sondern auf der Schleswiger „Jürgensburg", wo das junge Paar residierte.[33]) Waldemar hatte Abel das Herzogtum Schleswig übertragen.

Als Adolf IV., seinem Gelübde entsprechend, die Zeit für angebracht hielt, die Regierungsgeschäfte abzugeben und in ein Kloster einzutreten, fand er 1239 in dem Franziskanerorden Aufnahme. Sein Schwiegersohn Abel wurde Vormund seiner heranwachsenden Söhne Johann und Gerhard. Abel verwaltete für die jungen Grafen eine Zeitlang treuhänderisch Holstein. Dieses mißfiel seinem Bruder Erich IV. Plogpenning, der von 1241 — 1250, nach Waldemars II. Tod, König von Dänemark war. Zwischen Abel und Erich entwickelte sich ein verbissener Bruderkrieg. Erich fiel in Schleswig ein, mit der Absicht, auf diesem Wege auch Holstein zu erobern. Abel stand darauf vor Ripen und nahm Erichs Töchter Ingeburg und Sophie auf der heute nicht mehr bestehenden Burg „Riberhus" gefangen. Er entführte die Nichten 1247 auf die Burg Segeberg.[34]) Auch der Bischof von Ripen und mehrere adelige Dänen gingen mit in die Gefangenschaft. Die jungen Prinzessinnen sollen dort aber sehr ehrenvoll behandelt worden sein. Die Gefangenschaft dauerte über ein Jahr. Der Zwist zwischen den beiden feindlichen Brüdern endete mit der Ermordung Erichs 1250 auf einem Boot auf der Schlei. Nun wurde Abel König von Dänemark.[35]) Nachdem er in Eiderstedt 1252 bei einer Schlacht gegen die Friesen selbst den Tod gefunden hatte, wurden seine ehemaligen Mündel, die holsteinischen Grafen Johann und Gerhard, wiederum Vormund seines unmündigen ältesten Sohnes Herzog Waldemars III.

Eine Stadt im Schutze der Burg

In die Geschichte ging Adolf IV. allgemein als „Städtegründer“ ein. Der Ort Segeberg hatte sich unter ihm stärker zu entfalten begonnen. In den zwanzig Jahren der Dänenherrschaft unter Waldemar II. hatte er noch keinerlei Rolle gespielt. Die kleine Ansiedlung, die einst als „suburbium“, also als Unterstadt zur Burg entstanden war[36]), begann ihr Zusammenleben in den dreißiger Jahren des 13. Jahrhunderts nach Lübschem Recht zu ordnen. Die Lübecker waren insoweit ein Musterbild für die Regelung ihrer kommunalen Angelegenheiten, ihres Gerichtswesens und des übrigen Miteinanders. Mit dem Lübschen Recht erhielt jedes Gemeinwesen eine erhebliche Eigenständigkeit, mit eigener Verfassung und Verwaltung. Dieses wurde vom Landesherren auch gerade bezweckt. Denn durch die Anwendung des Lübschen Rechtes wurde der Ort allgemein attraktiver und konnte sich günstiger entwickeln. Wann präzise Segeberg begann, eine Stadt im rechtlichen Sinn zu sein, ist nicht mehr genau zu ermitteln.[37]) Adolf IV. starb 1261. Aus dem sogenannten Stadtprivileg von 1260[38]) ergibt sich, daß die Anwendung des Lübschen Rechts — was nicht gleichbedeutend sein muß mit der Stadtrechtsverleihung — „zu den Zeiten“ Adolfs IV. erfolgte.

Es kann auf keinen Fall aus der Anwendung des Lübschen Rechtes durch die Segeberger Bürger geschlossen werden, daß sie von diesem Zeitpunkt an eine vom Landesherren unabhängige Stadt waren. Segeberg war zu diesem Zeitpunkt erst ein stadtähnliches Gebilde.[39])

Nachdem Adolf IV. als Mönch in das Hamburger Minoritenkloster eintrat, kamen Burg und Ort Segeberg an einen neuen Landesherren, nämlich den älteren Sohn Adolfs, Johann I. Johann wurde 1241, nach damaligem Recht, mit zwölf Jahren volljährig. Das Herzogtum Holstein, das bis dahin rechtlich als unteilbar galt[40]), wurde unter ihm und seinem jüngeren Bruder Gerhard aufgeteilt. Es entwickelte sich unter dem Ersteren die sogenannte Kieler Linie und unter dem Letzteren die sogenannte Itzehoer Linie.[41]) Diese Teilung war jedoch noch nicht die Aufteilung sämtlicher landesherrlicher Rechte. Es blieb eine gewisse Einheit des Landes bestehen. Im Jahre 1260 bestätigen beide Grafen die Annahme des Lübschen Rechtes durch die Segeberger Bürger, die in der Regierungszeit ihres Vaters stattfand.

Die Privilegierung vermochte jedoch nicht in den nächsten Jahrzehnten Segeberg wirtschaftlich die Bedeutung zukommen zu lassen, die andere Gründungen der Schauenburger, wie etwa

Rendsburg oder Kiel, erhielten, auch wenn dieses die gute Absicht Adolf IV. und seiner Nachfolger gewesen sein mag.
Segebergs Stellung wurde weiterhin dadurch bestimmt, daß die Burg fürstlicher Sitz war. Der Ort stieg und fiel mit dem Schicksal der „Siegesburg".

Die „Swarte Greet" – dänische Königin und Segeberger Sagengestalt

Zur Zeit des Stadtprivilegs von 1260 saß auf dem dänischen Thron eine Frau. Nachdem König Abel gefallen war, wurde Christoph I. von 1252 bis 1259 König von Dänemark. Nach seinem Tode führte seine Witwe Margarete für den gemeinsamen minderjährigen Sohn Erich Klipping (1259 – 1286) die Staatsgeschäfte. Als „Swarte Greet" ist sie in die Segeberger Sagenwelt eingegangen. Sie war die Tochter Herzog Sambirs von Pommern. Wegen ihrer dunklen Gesichtsfarbe nannte man sie „schwarze Grete" und da sie eine geschickte Reiterin war, auch „Margarete Sprenghest".[42]) Zu Lebzeiten ihres Gemahls hatte sich zwischen diesem und den holsteinischen Grafen 1253 ein Kampf um die Vorherrschaft in Schleswig entwickelt. Im Zuge der Auseinandersetzungen wurde die Stadt Schleswig nun von den Gegnern Christophs I. erobert. Der Bischof von Schleswig und vornehme Bürger wurden gefangengesetzt und 1253 auf der „Siegesburg" inhaftiert.[43]) So demonstrierte die Burg im positiven wie negativen Sinn die landesherrliche Macht: als repräsentative Residenz und als sicheres Staatsgefängnis.
Als die holsteinischen Grafen zusammen mit dem zweiten Sohn Abels, Erich I. von Schleswig, 1261 einen glänzenden Sieg über Margarete und ihren damals minderjährigen Sohn Erich Klipping auf der Lohheide bei Schleswig errangen, wurden die Königin und Erich, sowie erneut der Bischof von Schleswig, in Haft genommen. Margarete wurde nach Hamburg in Gefangenschaft gebracht. Es ist nicht bekannt, warum eine Höhle an der Ostseite des Kalkberges „Swart Gret ehr Höhl" genannt wird. Möglicherweise machte man mit der hohen Gefangenen auf dem Wege nach Hamburg Station in Segeberg. Auch wird in Segeberg noch heute erzählt, daß vor der Umpflasterung der Straßen in den sechziger Jahren des 19. Jahrhunderts zwischen den Häusern Lübecker Straße Nr. 75 und 81 ein stattlicher Pflasterstein aufgestellt worden sei. Dieser habe eine Vertiefung in Form eines großen Hufeisens aufgewiesen. Vor einhundertachtzig Jahren soll sich noch der Schlagbaum, der vor dem „Lübschen Tor" stand, darauf gedreht haben.[44]) Als sich

Margarete einst auf der Flucht befunden habe, sei sie durch die Lübecker Straße geritten. Sie habe zuvor dem Pferd die Hufe verkehrt aufschlagen lassen, damit man ihre Spur nicht verfolge. In der großen Eile habe das Pferd einen so mächtigen Satz gemacht, daß sich das Hufeisen im Stein abgedrückt habe.[45])

Wie Kaiser Lothar, Vicelin und der Burgkommandant Hermann, ist Margarete eine Gestalt, die in unseren Tagen anläßlich der jährlichen Segeberger Woche im September wieder in Erinnerung gerufen wird.

1273 kam es erneut zur Landesteilung. Mit den Söhnen Johanns I. teilte ihr Onkel Gerhard I.

Mord auf dem Segeberger Schloß

Gerhard I. hatte die Itzehoer Linie begründet. Von ihr spaltete sich später die Plöner, Schauenburger und Rendsburger Linie ab. Von der Kieler Linie teilte sich die Segeberger Linie. Als sich nach dem Tod Johanns I. seine Söhne Johann II. und Adolf V. den holsteinischen Anteil ihres Vaters teilten, nahm Adolf V. Residenz auf der „Siegesburg".

Adolf V. verstarb im Jahre 1308. Ihm folgte sein Neffe Adolf VI., der ein Sohn Johann II. aus der Kieler Linie war.[46])

Er residierte auf der „Siegesburg" und fand hier einen tragischen Tod. Das dramatische Ende Adolfs VI. wird von Geschichtsschreibern und Landeskundlern unterschiedlich geschildert und bewertet. Für die einen ist er ein „Mädchenverführer", der deshalb seine gerechte Strafe erlitt, für die anderen ein „wackerer Fürst und Landesvater"[47]), der Machtkämpfen und einer Revolte zum Opfer fiel. Das Ende des Grafen ist, wie so manches in der Geschichte Segebergs, wieder in eine reiche Fama eingesponnen. Teilweise wird das Ereignis recht blutrünstig geschildert:

Aufgrund des dynastischen Erbrechtsgrundsatzes bestanden nach 1290 fünf regierende Linien im Lande, nach ihren Burgen Segeberger, Kieler, Plöner, Pinneberger und Rendsburger Linie genannt. Um die Jahrhundertwende, vermutlich 1293[48]), wurde auf der Rendsburger „Reynoldsburg" als Sohn des Schauenburgers Heinrich I. sein jüngster Sohn Gerhard geboren, dem die Geschichte später, wie so vielen, den Beinamen „der Große" verlieh. Ursprünglich soll er zum geistlichen Stand bestimmt gewesen sein. Sein Mentor war Hartwig von Reventlow, aus dithmarschem Adel. Dieser war mit seiner Familie aus seiner Heimat vertrieben worden und trat zuerst in die Dienste des Grafen Adolf VI. Die Sage berichtet,

Gerhard der Große

daß Adolf VI. nunmehr Reventlows Tochter oder (Schwester?) Bertha schwängerte und sich weigerte, sie zu ehelichen. Reventlow kam später in die Dienste Gerhards und erkannte alsbald dessen politische und intellektuelle Fähigkeiten. Zwischen beiden Männern soll sich ein enges zwischenmenschliches Verhältnis entwickelt haben, Reventlow wurde der große Lehrer Gerhards.[49]) Er soll diesen auf eigene Kosten ausgebildet und ausgerüstet haben und legte in ihm die Grundlagen für den künftigen großen Feldherrn. Gerhard wurde später zeitweise sogar die wichtigste Persönlichkeit im Geschick Dänemarks. Er setzte 1326 durch, daß sein Neffe Waldemar V. von Schleswig, der Sohn seiner Schwester, zum dänischen König gewählt wurde und er selbst sein Vormund ward. Jahre zuvor soll er Hartwig von Reventlow bestimmt haben, Adolf VI., seinen Vettern, auf der „Siegesburg" gefangenzunehmen. Angeblich beabsichtigte Adolf VI., mit dem dänischen König gegen seine Vettern zu konspirieren. Hartwig von Reventlow, als Repräsentant der Reventlowschen Familienehre, soll dieses aus den bekannten persönlichen Gründen nur recht gewesen sein.

Und so soll sich im Jahre 1315 Hartwig von Reventlow, als Jäger verkleidet, in den Schlafraum des Schauenburgers eingeschlichen haben. Bei dem Versuch, diesen gefangenzunehmen und bei dessen Gegenwehr soll er ihn versehentlich getötet haben. Noch Jahre später sollen die Blutspuren aus dem Raum nicht zu entfernen gewesen sein. In der Gesellschaft Adolf VI. befand sich ein kleiner Page, aus dem die Fama entweder den Sohn Hartwig von Reventlows machte — was eigentlich unverständlich ist — oder den nichtehelichen Knaben der Dame Bertha von

Reventlow. Diesen soll Hartwig von Reventlow sofort nach der Bluttat erstochen haben, damit auf den Jungen nicht der Verdacht fiele, seinen Herrn Adolf VI. verraten zu haben und etwa den Mörder selbst in den Schlafraum gelassen zu haben.

Die Segeberger Chorherren setzten dem Grafen und dem mit ihm ermordeten Jungen in der Klosterkirche ein einfaches Denkmal, das die schlichten Worte beinhaltet haben soll: „Hier liegt Adolf zusammen mit seinem Sohn ermordet 1315". Achtzig Jahre später ließ Heinrich von Rantzau, nunmehr Amtmann von Segeberg, das Denkmal mit goldenen Buchstaben versehen. In lateinischer Sprache schilderte er darauf ausführlich den Hergang der Bluttat.[50])

Zur Sühne der Tat soll Hartwig von Reventlow später nach Rom gepilgert sein.

Die „Siegesburg" – ein Staatsgefängnis Holsteins

Gerhard setzte sich sodann, als Erbe des Vetters Adolf, in den Besitz der für die Landesverteidigung wichtigen „Siegesburg" und ihrer Umgebung bis an die Grenzen seiner Rendsburger Herrschaft. Ein anderer Vetter Adolfs VI. und Adolfs Neffe, Graf Güntzel von Wittenburg, wollten ihm die Burg wieder abjagen. Der Versuch scheiterte mit der Niederlage. Die beiden Verwandten wurden auf die Segeberger Burg im Jahre 1317 verbracht.[51])

Gerhard der Große hat sich nur selten auf der „Siegesburg" aufgehalten, doch diente sie einige Jahre später wieder als Gefängnis für eine namhafte Persönlichkeit. Hier hielt Gerhard sechs Jahre lang den dänischen Prinzen Otto gefangen. Otto war ein Sohn des dänischen Königs Christoph II. und ein Enkel der „Swarten Greete". Christoph II. beabsichtigte, zusammen mit einem Vetter Gerhards, Johann III., die Macht des großen Rendsburgers zu brechen. Der Versuch mißlang, Christoph II. verstarb alsbald im Jahre 1333. 1334 griff sein Sohn Otto Gerhard bei Wiburg an. Er wurde geschlagen und kam in Gefangenschaft auf die „Siegesburg". Die Herrschaft Gerhards des Großen währte nicht allzu lange. Dänemark und die Hanse widersetzten sich ihm. Um deshalb einen Aufstand in Jütland niederzuschlagen, begab er sich 1340 mit seinem Heer dorthin. In Randers wurde er ermordet.

Die Verpfändung der Vogtei Segeberg

Eine wenig beachtete Episode in der mittelalterlichen Geschichte Segebergs ist die Verpfändung des Segeberger Schlosses bzw. der Vogtei.
Nach dem Tod Adolfs VI. im Jahre 1315 bildete sich aus der Grafschaft die Vogtei Segeberg.[52]) Ihr damaliges Gebiet deckt sich in etwa mit dem des heutigen Kreises Segeberg. Unter Gerhard dem Großen war das Schloß das Zentrum desjenigen Gebietes geworden, das Gerhard bei der Landesteilung von 1316 in Südholstein, Stormarn und Wagrien zu seinem bisherigen Anteil an der Grafschaft um Rendsburg hinzuerhalten hatte. Nach Gerhards gewaltsamen Tod traten das Erbe seine gemeinsam regierenden Söhne Heinrich II. (der Eiserne), Klaus und Adolf VII. an. Erben aus der Kieler Linie der Schauenburger gab es nicht, denn bei seiner Ermordung hinterließ Adolf VI. keine legitimen Kinder. Sein Bruder Christoph verstarb im selben Jahr wie er, als er 1316 auf dem Segeberger Schloß aus dem Fenster stürzte.[53])
Gerhard der Große hatte den holsteinischen Adel streng im Zaum gehalten. Dies vermochten seine Söhne, so ehrenwert und tüchtig sie ansonsten gewesen sein mögen[54]), nicht. Wie überall in Deutschland, entwickelte sich auch in Holstein in dieser Zeit das Rittertum zum Raubrittertum. Vom Adel bezahlte „Schnapphähne" und „Strauchdiebe" machten die Landstraßen unsicher und schädigten insbesondere die hansischen Kaufleute.
Lübeck und Hamburg gingen daher am 22. November 1341 ein Bündnis gegen den räuberischen Holstenadel ein. Doch damit nicht genug. Lübeck versuchte auch, zur Sicherung seines städtischen Gebietes, Landbesitz im Umland zu erwerben. Und da die Hansestadt den Schauenburgern erhebliche Geldsummen geliehen hatte, erhielt Lübeck am 3. März 1342 die Vogtei Segeberg zum Pfand.
Bereits 1349 machten Gerhards Söhne den Versuch, das wichtige Segeberg wieder einzulösen, doch die Summe reichte offenbar nicht.[55]) Fast fünfundzwanzig Jahre blieb die Vogtei Segeberg mit dem Schloß im Pfandbesitz der Lübecker und viele Jahre wurde der Kalkberg durch hanseatische Mannen besetzt, bis die holsteinischen Grafen um 1366 einen wesentlichen Teil der Summe zurückerstattet hatten.[56]) In den Jahren der Verpfändung Segebergs an Lübeck stellten die Hamburger und Lübecker in der Stadt Segeberg eine Besatzung mit 200 Reitern. Grund waren auch hier die räuberischen Überfälle des

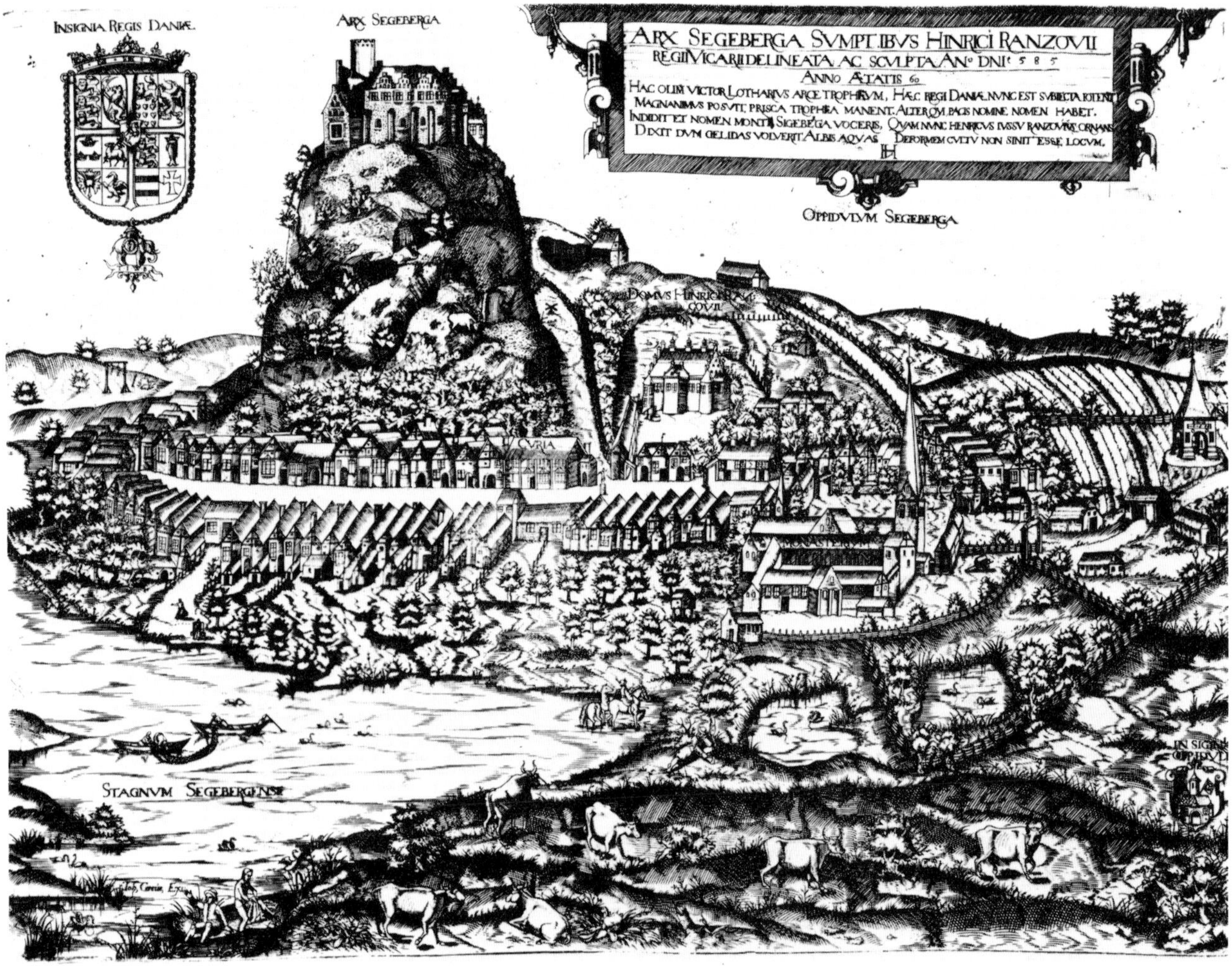

Joh. Greve, Segeberg (aus Braun-Hogenberg)

Holstenadels auf den Landhandel. Das Reitercorps patrouillierte von Segeberg bis nach Arpsdorf, denn neben der Elbe war die Stör bis Arpsdorf schiffbar. Von dort wurden die Waren über Land bis zur Trave gebracht und hier nach Lübeck eingeschifft.[57])

Die Segeberger waren nach einiger Zeit unzufrieden mit der freiwilligen Einquartierung. Dieses nutzten die beiden Grafen Heinrich und Klaus aus. Im Jahre 1344 drang man bei Nacht in die damals befestigte Stadt und nahm, mit Hilfe der Segeberger Bürger, die Reiter gefangen. Mit in Gefangenschaft gerieten zahlreiche Lübecker und Hamburger Kaufleute, die sich in der Stadt aufhielten und später nur mit hohem Lösegeld freigekauft werden konnten.[58])

Die Befestigung Segebergs ist noch gut auf dem bekannten Stich von Braun und Hogenberg aus dem 16. Jahrhundert zu erkennen. Auch Heinrich Rantzau bezeugte rückblickend, daß die Stadt zu Anfang des 14. Jahrhunderts befestigt wurde.

Einige Jahre nach der Entfernung der Reiterpatrouille nützte Segeberg diese Stadtbefestigung jedoch nicht allzu viel. 1380 drangen die Dithmarscher nach Holstein vor. Sie kamen bis nach Segeberg und zerstörten die Stadt vollständig. Ob die Burg auch dabei in Mitleidenschaft gezogen wurde, sowie die Konventsgebäude und die Klosterkirche, ist nicht bekannt.[59])

Bischof Heinrich von Osnabrück

Nach dem Tode Gerhards des Großen hatte das Schloß Segeberg keine zentrale Bedeutung mehr. Segeberg kam in der zu Bornhöved am Johannistag 1398 abgehaltenen Landesteilung an Graf Heinrich, Gerhards des Großen Enkel. Er wurde später Bischof von Osnabrück und weilte, nach alten Urkundsdatierungen, in den Jahren 1416 und 1418 auf der „Siegesburg".[60]) Er wurde nach dem Tode seiner Brüder Gerhard VI. (1404) und Albrecht (1403) der einzige mündige Schauenburger der Rendsburger Linie. Im Jahre 1404 wurde er Vormund der unmündigen Söhne Gerhard VI., Heinrich, Gerhard VII. und Adolf VIII. Er leitete in den nächsten fünfzehn

Jahren bis 1419 die Geschicke der Schauenburger in Holstein und war daher öfters als offizieller Vertreter der unmündigen Landesherren bei Vertragsabschlüssen auf der „Siegesburg". Er verstarb 1421 im Kloster zu Bordesholm. Sein Nachfolger wurde sein Neffe Heinrich, später dessen Bruder Adolf VIII.

Adolf VIII. — der letzte regierende Schauenburger

In der Person Adolfs VIII. erlebte Segeberg dann den letzten männlichen Schauenburger als Landesherrn. Adolf VIII. regierte nach dem Tode seines älteren Bruders Heinrich (1427), der vor Flensburg fiel[61]), sechs Jahre zusammen mit seinem jüngeren Bruder Gerhard. Er soll sich viel mit seinem Gefolge auf der „Siegesburg" aufgehalten haben und auch zum sonntäglichen Gottesdienst die Stiftskirche besucht haben.[62]) Er verstarb am 4. Dezember 1559 auf der Burg. Durch seinen Tod wurde in der Landesgeschichte eine Zäsur gesetzt: König Christian I. von Dänemark, aus dem Hause Oldenburg und Delmenhorst, wurde am 2. März 1460 zum Landesherrn von Schleswig und Holstein gewählt. Die politisch und rechtlich komplizierte Konstruktion der Personalunion mit Dänemark, die bis in das 19. Jahrhundert andauerte, begann.

Die Wahl Christians I. zum Grafen von Holstein und Herzog von Schleswig hatte ihre Ursache in einem familiären Drama, dessen Fäden immer wieder auch auf der „Siegesburg" zusammenliefen. Adolf VIII. verstarb zwar ohne Erben, sein einziger Sohn in zweiter Ehe verschied schon als Kleinkind, doch hatte sein Bruder Gerhard einen kleinen Sohn hinterlassen.
Der im Jahre 1404 geborene Gerhard VII. vermählte sich 1432 mit der dreiundzwangzigjährigen Agnes von Baden. Nachdem diese, nach damaligen Vorstellungen nicht mehr ganz junge Braut, die später über ihren Neffen mit dem 1452 zum Kaiser gekrönten Habsburger Friedrich III. verschwägert war, überraschend das Datum der Eheschließung vorangetrieben hatte, entband sie am 16. Januar 1433 im Schloß zu Gottorf, sieben Monate nach der offiziellen Vermählung, von einem Zwillingspärchen, dem Sohn Heinrich und der Tochter Katharina. Als landesweit Stimmen laut wurden, daß die Säuglinge keine legitimen Schauenburger sein könnten, wurde durch eine große Legitimationsurkunde vom 4. Februar 1433 festgestellt, daß die Kinder ehelich seien. Im folgenden Jahr verstarb der kränkelnde Gerhard. Agnes, die ihren Gatten aufrichtig geliebt haben soll, sah sich plötzlich im unwirtlichen Schleswig und Holstein gänzlich allein gelassen und von Neid und Mißgunst umgeben. Ihr Schwager Adolf VIII. zwei-

felte erneut die Legitimität ihrer Kinder an und verweigerte ihr die vertraglich zugesicherten Versorgungsansprüche als Witwe. Es entspann sich eine zähe juristische Auseinandersetzung zwischen ihm und Agnes Bruder, dem Markgrafen Jacob zu Baden. Statt im Lande auszuharren, wie ihr Bruder es ihr geboten hatte, um die Wittumsansprüche durchzusetzen, verließ Agnes kopflos Schleswig und Holstein. Ihre Kinder ließ sie zurück. Die noch nicht einjährige Tochter war, noch zu Lebzeiten Gerhards, in das Kloster Preetz geschickt worden, um dort als Nonne(!) eingekleidet zu werden. Zuvor hatte man die kleine Katharina in das Segeberger Schloß gebracht, wo man sieben Ellen Stoff für die Einkleidung besorgen ließ.[63]) Das Kleinkind verstarb ein Jahr später in Preetz, von Agnes offenbar ohne großes Bedauern registriert. Preetz war das bevorzugte Hauskloster für die Töchter der Herzöge von Schleswig. Der kleine Junge wurde im Alter von noch nicht einem Jahr von seiner Schwester getrennt. 1435, bevor Adolf VIII. selbst zum zweiten Male heiratete, wurde er ertränkt, wie alte Chroniken berichten.

Zeitgenossen empfanden dann die Kinderlosigkeit Adolfs VIII. als Strafe Gottes für seine unmenschliche Härte seiner Schwägerin gegenüber.[64]) Nach dem Tod Adolfs VIII., dessen Bestattung in der St. Laurentii-Kirche zu Itzehoe erfolgte, erlosch die Rendsburger Linie der Schauenburger, die seit Gerhard dem Großen vier Generationen lang erfolgreich gegen Dänemark gekämpft hatten. Sein Tod auf der Segeberger Burg war der Schlußpunkt unter die Aera der Schauenburger im Lande.

Christian I. – ein König auf Schloß Segeberg

Als 1448 der dänische König Christoph überraschend starb, hatte man Adolf VIII. die dänische Krone angeboten. Doch er verzichtete zugunsten seines Neffen, des dreiundzwanzigjährigen Sohnes seiner Schwester Heilwig, Christian von Oldenburg. Die Wahl Christians zum Landesherrn in den Herzogtümern wurde am 2. März 1460 vollzogen. Am 5. März 1460 kam es zu dem landeskundlich bedeutsamen Privileg von Ripen, das im Hinblick auf die beiden Herzogtümer in dem Ausspruch gipfelte: „Dat se bliven ewich tosamende ungedelt."

Wenige Tage später begab sich Christian I. in die Herzogtümer, um sich huldigen zu lassen. Ende April 1460 befand er sich in Segeberg, um Schloß und Stadt in Besitz zu nehmen. Hier empfing er aus der Hand des Lübecker Bischofs Arnold die Belehnung mit der Grafschaft Holstein.[65]) Ar-

Christian I. von Dänemark und seine Gemahlin Dorothea

nold erklärte sich im Namen Lübecks offiziell mit Christians Wahl einverstanden. Die Zusammenkunft fand — wohl um die Bedeutung des Lübecker Bischofs zu demonstrieren — nicht auf der landesherrlichen Burg, sondern im Segeberger Kloster statt.[66])

Aus der Zeit der königlichen Hofhaltung zu Segeberg sind eine Reihe von Urkunden erhalten, die Rückschlüsse auf Christians Aufenthalte auf der Burg zulassen: In Segeberg bestätigte er beispielsweise 1460 der Stadt Rendsburg ihre Privilegien. Am 14. Mai 1460 erfolgte dort die Bestätigung der Privilegien Lübecks.[67]) Im Jahre 1462 reiste er von hieraus nach Wilsnack, 1465 und 1466 stellte er in Segeberg eine Urkunde an Johann Rantzau über die Verpfändung der Stadt Kiel aus. 1467 beehrte er zusammen mit seiner überaus geschäftstüchtigen Gemahlin Dorothea Segeberg in Sachen seines Bruders Gerhard von Oldenburg.[68])

In Segeberg erfolgten in den Jahren 1469 und 1470 zwei für die Herzogtümer sehr wichtige Vereinbarungen: der 1. Segeberger Rezeß vom 8. November 1469 und ein Jahr später das Segeberger Konkordat, die „tohopesate"[69]), worauf noch einzugehen ist. Die Wahl von Ripen war seinerzeit vor dem Hintergrund von bedeutsamen Geldgeschäften erfolgt. Christian I. hatte erhebliche Summen an seine Mitbewerber, den Grafen Otto von Schauenburg aus der Pinneberger Linie und an seine Brüder Moritz und Gerhard, zahlen müssen, um sie dafür zu entschädigen, daß sie auf ihre gleichrangigen Erbansprüche, die Nachfolge Adolfs VIII. betreffend, verzichteten. Für die Summen hatten Mitglieder der Ritterschaft gebürgt, die durch die Wahl unter anderem neue zerstörerische Auseinandersetzungen um Schleswig mit Dänemark vermeiden wollten.[70]) Nach 1460 übertrug Christian I. dann die Verwaltung der Herzogtümer und die Regelung seines Schuldenwesens seinem Bruder

Gerhard. Er selbst hatte große Pläne, Schweden betreffend und daher nur wenig Zeit für die Herzogtümer. 1466 übergab Christian I. die Stellvertretung in Schleswig und Holstein, als Entschädigung für die eigentlich versprochene und nicht gezahlte Abfindungssumme, an den jüngeren ehrgeizigen Bruder. Dieser, ein Feind des Adels, weigerte sich, die Summen, die der König bei seiner Wahl der Ritterschaft versprochen hatte, an diese auszuzahlen. Auch versuchte Gerhard, die Pfandschaften, die der Adel in Händen hatte, einzuziehen. Am 24. April 1469 trat Christian I. gar Schleswig und Holstein als Pfand an seinen Bruder ab.[71])

Der Adel fühlte sich dadurch in seiner Stellung schwerstens bedroht. Nachdem Christian I. daher versprochen hatte, die Landesregierung wieder selbst zu übernehmen und im sogenannten Kopenhagener Rezeß hinsichtlich der Regelung von Streitigkeiten zwischen Ritterschaft und dem König Zugeständnisse machen mußte, wurden die Bestimmungen in Segeberg 1469 wiederholt. Unter anderem wurde vertraglich festgelegt, daß Streitigkeiten zwischen den Vertragspartnern wegen des Schuldenwesens oder wegen der Privilegien des Adels durch ein aus zwei dänischen Bischöfen, den beiden Landesbischöfen und den Hamburger und Lübecker Ratsendboten als Schiedsgericht geschlichtet werden sollten (1. Segeberger Rezeß). Ein Jahr später wurde in der „tohopesate" in Segeberg unter anderem außerdem bestimmt, daß jeder Untertan seiner Herrschaft den schuldigen Gehorsam zu leisten habe, wohingegen die Herrschaft die Lande bei ihren Privilegien schützen sollte. Im Falle von Streitigkeiten zwischen den Vertragsschließenden sollte der nicht daran beteiligte Partner einen endgültigen Schiedsspruch fällen und nötigenfalls mit Waffengewalt dem Urteil Gehorsam verschaffen.[72])

Im Jahre 1470 kam Christian I. auf der Burg zu Segeberg erneut mit seinen Kreditgebern zusammen. 1474 trat er von hier aus eine ausgedehnte Reise an, die ihn zuerst nach Rothenburg o. d. Tauber führte. Dort traf er mit Kaiser Friedrich zusammen. Danach reiste Christian I. nach Rom zum Papst. Eine lange Reihe von Schuldverschreibungen vom Januar 1474, ausgestellt zu Segeberg, sind Zeuge, welche Adeligen und Städte dem König große und kleine Darlehen gewährt hatten. Christian benötigte für dieses Reiseunternehmen erhebliche Geldbeträge, um das Ausland durch ein repräsentatives Auftreten von seiner Macht zu überzeugen. Beim Kaiser wollte der dänische König einen Rechtsanspruch gegen Dithmarschen durchsetzen, das seit Jahrhunderten seine Selbständigkeit bewahrt hatte und sich nur in loser Lehnsabhängigkeit vom Bremer Erzstift befand. Christian I. erreichte jedoch sein Ziel nicht. Die Landgemeinden in Dithmarschen protestierten bei Kaiser und Papst. Der König mußte nachgeben. Am 22. Oktober des Jahres wurde zu Segeberg ein Stillstandabkommen zwischen ihm und Dithmarschen geschlossen.[73])

Im Herbst 1480 hielt Christian I. auf dem Segeberger Schloß einen Landtag ab.[74]) Bei diesem Termin fand in Segeberg auch eine endgültige Schuldenregulierung der königlichen Verbindlichkeiten statt. In Anwesenheit der Königin arrangierte sich Christian I. erneut mit seinen Kreditgebern.[75]) Hier erzwang Christian I. von der Ritterschaft auch, aufgrund jahrzehntelanger Auseinandersetzungen mit Henning von Pogwisch, dem ehemaligen Amtmann von Tondern, die Rückgabe des Bündnisbriefes von 1469. Er riß an diesem das königliche Siegel herunter und zerschnitt die Urkunde mit eigener Hand.[76])

Dadurch machte er weitere Emanzipationsbestrebungen des Adels gegen die landesherrliche Gewalt vorerst unmöglich.

Segeberg unter Christian I. — eine Stadt des Adels

Unter Christian I. entfaltete sich in Segeberg im 15. Jahrhundert eine rege Bautätigkeit, deren Erfolg leider im Jahre 1534 durch die sogenannte „Grafenfehde" wieder zunichte gemacht wurde. Seit mindestens 1472 besaß die Stadt ein Rathaus, von dem es jedoch keine Abbildung gibt. Auch einen Ratskrug hat die Stadt zur Zeit Christian I. bereits besessen. Später wurde die Konzession unter Christian II. wieder aufgehoben. Da Segeberg unter dem ersten dänischen König aus dem Hause Oldenburg zeitweilig Residenz war, wie aus der Fülle der Urkundsdaten zu ersehen ist, bemühte sich der Landesadel offensichtlich, hier Fuß zu fassen und Grundstücke zu erwerben. Das führte zu einer erstaunlich hohen Zahl von adeligen Stadthäusern. So stand im ausgehenden Mittelalter auf dem Grundstück des heutigen Rathauses das Haus des Gerd Walstorp. Dieser war mütterlicherseits der Großvater des berühmten Heinrich Rantzau. Dessen Vater, der königliche Feldherr Johann Rantzau, verkaufte 1543 den Besitz an Simon Albern, den späteren Bürgermeister.[77])

Das Grabmal, das ihm sein Enkel Rantzau 1562 in der Segeberger Marienkirche errichtete, hat dort noch heute seinen Standort.

Im 16. Jahrhundert waren u. a. die Wensin, Blome und Ahlefeld als Hauseigentümer in der Stadt vertreten.[78]) Auch übertrug Christian I. an Schleswigsche Adelige Segeberger Immobilien[79]) und baute bzw. kaufte in der heutigen Lübecker Straße Stadthäuser. Dem Hamburger Rat schenkte er sogar ein Seegrundstück am kleinen See, damit die Hamburger Gesandtschaft nicht um eine passende Unterkunft verlegen war. Die Hansestadt besaß das Haus, das nahe dem alten Rathaus lag, von 1482 bis 1558.[80]) Später wurde es unter der Bezeichnung „Hamburger Herberge" bekannt und gehörte den Rantzaus.

Mit den Hamburgern hatte der König — wie seine Vorgänger, die Schauenburger — wichtige Handelsbeziehungen. Hamburg benötigte schon im 14. Jahrhundert Kalk als Baumörtel. So findet sich dort bereits im Jahre 1361 das „Kalkhaus", d. h. eine Kalkbrennerei.[81]). 1465 kam es zu einem Vertrag zwischen der Stadt Hamburg und Christian I. über regelmäßige Kalklieferungen.[82]) Der Großabnehmer Hamburg, früher insoweit von Lüneburg und Helgoland versorgt, stellte damit ganz auf Segeberger Lieferungen um.[83]) Der Rohstoff wurde mit Fuhrwerken an die Alster nach Stegen transportiert und dort in Kalkschiffe umgeladen. Dann wurde er in Hamburg weiterverarbeitet. An Ort und Stelle zerkleinerte und brannte man das Gestein auf dem Kalkberg erst ab Ende des 17. Jahrhunderts.[84]) Zwischen 1465 und 1800 wurden immer wieder Verträge mit Hamburg über den „Segeberger Kalk" abgeschlossen. Daher prägte man bereits in der Hansestadt den Ausspruch: „Im alten Hamburg wandelt man im Schatten des Segeberger Kalkes."[85]) Hamburg hatte sogar zeitweise die Kalkgrube gepachtet, so 1538 — 43 und ab 1544. Neben Hamburg, das geradezu eine Monopolstellung innehatte, bezogen aber auch zahlreiche Städte des Landes den Kalk.

Profitierte auch überwiegend der König direkt vom Kalkverkauf, so hatten auch die Segeberger Bürger ihr Gutes davon, denn der Gipsabbruch schuf für mehrere Jahrhunderte viele Arbeitsstellen.

Reformversuche im Segeberger Kloster

Das Kloster hatte am Ende des 15. Jahrhunderts seine Glanzzeit überschritten. Nach der Gründung des Stiftes waren vierhundert Jahre klösterlichen Lebens verstrichen, von denen kein zeitgenössisches Archiv und keine Chronik berichtet. Nur aus dem Jahre 1444, — noch zur Zeit Herzogs Adolf VIII. — ist ein unvollständiges Register über die Klostereinnahmen erhalten. Bekannt ist außerdem, daß 1429 ein Gut namens „Güßkau" zum Stift gehörte.[86]) Daraus mag sich möglicherweise später der Name „Gieschenhagen" entwickelt haben.

In den vierziger Jahren soll im Kloster angeblich Ungebundenheit und Zügellosigkeit geherrscht haben. Die Stiftsherren sollen permanent bei den Visitationen des Bischofs behauptet haben, daß eine große Armut sie davon abhalte, die Klostervorschriften strikt zu befolgen[87]), insbesondere der strengen Einhaltung des Armutsgelübdes nachzukommen.

Da griff der amtierende Bischof, der Lübecker Nikolaus Sachow, voll Eifer zu einer Radikalkur. Er ließ Windesheimische Reformatoren aus Ostfriesland und später aus Westfalen kommen. Die Klosterbewohner hatten sich streng nach deren Beispiel zu richten, oder sie mußten das Stift verlassen.[88])

Kloster und Kirche

Die meisten sollen daraufhin den Wanderstab ergriffen haben und sich anderen Klöstern und sogar anderen Orden angeschlosen haben. Als in der zweiten Hälfte des Mittelalters das Ordensleben allgemein zu verfallen drohte, galten die Windesheimer Augustiner Chorherren als beispielhaft in der Strenge ihrer Weltanschauung. In den folgenden Jahren erfolgte ein ständiger Wechsel in der Führungsspitze des Klosters. Auch herrschte Zwietracht und Uneinigkeit. Ruhe enstand erst, als der letzte Klosterbruder der vorreformatorischen Zeit verstorben war.

Christian II. und die „Grafenfehde“

Nach Christians I. Tod im Jahre 1481 war auch sein ältester Sohn und Nachfolger, König Johann (1481–1513), mehrfach in Segeberg. 1487 traf er sich hier mit seinem jüngeren Bruder Herzog Friedrich, dem späteren dänischen König Friedrich I. und stellte dort für das Kloster Ahrensbök einen Schutzbrief aus. Die Privilegien für Itzehoe wurden durch Johann I. hier 1489 bestätigt.[89]) Und nach der für die Dithmarscher Bauern so siegreich verlaufenden Schlacht bei Hemmingstedt im Jahre 1500 kam er in Segeberg alsbald mit seinem Bruder Friedrich zu weiteren Plänen und Verhandlungen zusammen. Da diese Zusammenkünfte zumeist auf der „Siegesburg“ stattfanden und man sich nur bei Verhandlungen mit dem Lübecker Bischof im Kloster traf, ist zu folgern, daß die Burg zu dieser Zeit in standesgemäßem Zustand war, um für königliche Besuche und das Gefolge einen geeigneten Rahmen abzugeben.

„Siegesburg“

Nachdem 1490 auf das Drängen der dänischen Königin-Witwe Dorothea, gegen den Willen der Ritterschaft und entgegen dem Vertrag von Ripen, eine Teilung des Landes erfolgt war, zerfielen Schleswig und Holstein jeweils in einen „Königlichen“ oder „Segeberger“ und einen „Gottorfer Anteil“, sowie einen gemeinschaftlich regierten Teil. Der „Segeberger Anteil“ entsprach etwa dem einstigen Besitz Gerhards des Großen, d. h. dem Territorium der Rendsburg-Schauenburgischen Linie, der „Gottorfer" ist der ehemaligen Plön-Schauenburgischen Linie zuzuordnen. Durch die Bezeichnung „Segeberger Anteil" wurde hervorgehoben, daß das Hauptschloß des dänischen Königs, bei seinen Aufenthalten im Lande als Graf von Holstein, die Burg auf dem Kalkberg war.

Nach dem Tode Johanns von Dänemark wurde 1513 sein begabter und rastlos tätiger, wohl aber auch zügellos ehrgeiziger und despotisch launenhafter[90]) Sohn als Christian II. sein Nachfolger. Er war mit der Schwester des Kaisers Karl V., Isabella, vermählt, was ihm lange Zeit politische Rückendeckung gab.

In Segeberg war König Christian II. niemals. Dennoch ist er in die Annalen der „Siegesburg" eingegangen. In einem Turm des Schlosses, dem sogenannten „Blauen Turm", wurde seit altersher das gemeinschaftliche Landesarchiv aufbewahrt. Nur beide Landesherren gemeinsam — der König von Dänemark und der Gottorfer Herzog Friedrich, sein Onkel — konnten es öffnen, da jeder zu den beiden Schlössern nur den einen Schlüssel hatte. Der König wollte Einsicht in gewisse Dokumente nehmen. Er setzte voraus, daß Friedrich hierzu seine Zustimmung nicht geben würde. So sandte Christian II. seinen Rentmeister, den Odenseer Propst Andreas Glob, nach Segeberg. Mit Hilfe des Segeberger Amtmannes Wolf Pogwisch brach dieser in den Turm ein und vernichtete teilweise verschiedene, landespolitisch wichtige Papiere. Hierbei soll es sich u. a. um vier- bis fünfhundert Jahre alte Dokumente gehandelt haben.[91])

Christian II. wurde 1523, aufgrund von Unstimmigkeiten mit dem Adel und einer mißglückten Unionspolitik, aus Dänemark vertrieben. In der Hoffnung, daß man mit ihm verhandeln würde, kam er 1532 nach Sonderburg. Hier wurde er gefangengesetzt und verblieb siebzehn Jahre dort als Inhaftierter. Sein Nachfolger war sein Onkel Friedrich, der am 26. März 1523 zum König von Dänemark ausgerufen worden war. Die Hansestadt Lübeck, die eifrig für die Gefangenennahme des Königs plädiert hatte, verlangte 1534 dessen Freilassung. Als man dieser Forderung nicht nachkam, ließ Lübeck im Jahre 1534 Truppen in Holstein aufmarschieren. Alsbald wurde die „Siegesburg" als königliche Residenz belagert. Nachfolger König Friedrichs war seit 1533 sein Sohn Christian III. Der junge König zog ein kleines Heer zusammen. Dessen Präsenz nötigte die Belagerer abzuziehen. Zuvor wurde die Stadt jedoch geplündert und angezündet. In Segeberg standen hinterher noch drei und in Gieschenhagen noch zwei Häuser.[92])

Diese kriegerische Auseinandersetzung unter dem Hamburger Kaufmann Jürgen Wullenwever, der Bürgermeister von Lübeck geworden war, ging in die Geschichte unter der Bezeichnung „Grafenfehde“ ein. Zwei im Solde Lübecks stehende Anführer von Landsknechten, Graf Christoph von Oldenburg und Johann von Hoya, verliehen der kriegerischen Unternehmung den Namen.[93]) Die „Grafenfehde“ zog sich bis nach Skandinavien hin, wo Johann Rantzau im Jahre 1535 Graf Hoya besiegte. Dieser militärische Erfolg bedeutete das Ende der Fehde und auch das Ende von Lübecks Macht und Blüte. Während der „Grafenfehde“ wurden nicht nur die Ansiedlungen am Fuße des Kalkberges erheblich in Mitleidenschaft gezogen. Auch das Schloß erlitt so schweren Schaden, daß Christian III., als er sechzehn Jahre später — 1550 — in Segeberg anwesend war, nicht auf dem Kalkberg Wohnung nehmen konnte, sondern sich im Kloster einquartierte.[94]) Erst als sein Amtmann, Heinrich Rantzau, auf königliche Kosten die zerstörten Gemäuer wiederhergestellt hatte, residierte der dänische König zeitweise auf der „Siegesburg“.

Die lutherische Reformation im Segeberger Kloster

Die starke Förderung der reformatorischen Bewegung haben von Anfang an die Herzogtümer ihrem späteren König Christian III. von Dänemark zu verdanken. In den Jahren 1523 bis 1533 war er Statthalter der Herzogtümer und öffnete der neuen religiösen Richtung Tür und Tor.[95]) Eine Ursache für die Förderung des lutherischen Glaubens in Nordeuropa mag darin gelegen haben, daß der junge Erbprinz Christian mit seinem Erzieher, dem Hofmeister Johann Rantzau, 1521 den Reichstag zu Worms besuchte. Hier verhandelte Kaiser Karl V. auch über den Fall Martin Luther. Das unerschrockene und unerschütterliche Auftreten Luthers machte auf den Prinzen und seinen Mentor einen gewaltigen Eindruck, so daß Christian auch später als König schützend seine Hand auf die Entwicklung der Reformation in den nordischen Landen legte.[96])

Das Segeberger Kloster verhielt sich von Anfang an nicht ablehnend gegen die neue Lehre. Vermutlich ist wohl in Segeberg der Übergang zum Luthertum, ausgehend vom Kloster[97]), bereits im Jahre 1521 erfolgt.

Adolf Burmester, St. Marien

Ließ man der religiösen Umwälzung noch unter Friedrich I. von Dänemark freien Lauf[98]), so begann Christian III. nach seinem Regierungsantritt 1533 mit einer energischen Umgestaltung im Sinne der evangelischen Lehre. Er beauftragte Luthers Mitarbeiter Johann Bugenhagen mit der Ausarbeitung einer evangelischen Kirchenordnung für Dänemark. Nachdem 1542 in den Herzogtümern die abgewandelte Bugenhagener Kirchenordnung eingeführt worden war, waren alle Klosterinsassen, wie die übrigen Landeskinder, evangelisch geworden.

Erster evangelischer Pastor zu Segeberg war Gerhardt Kaiser. Nach ihm kam ab 1548 Balthasar Schröder, Ahnherr für eine Anzahl ihm nachfolgender Pastoren zu Segeberg.[99]) Die Klosterinsassen hatten schon lange ihre Tracht abgelegt. Sie führten ein stilles, zurückgezogenes Leben als Verwalter und Nutznießer des immer noch beachtlichen Klostervermögens. Beim Gottesdienst saßen sie, wie einst ihre katholischen Glaubensbrüder, im alten Mönchsgestühl im Chor[100]), in dem erst 1520 der eindrucksvolle Schnitzaltar aufgestellt worden war, der zumindest der Brüggemann-Schule zuzuschreiben ist.[101])

In der Natur der Sache lag es, daß sich der Restbestand der Chorherren zu Segeberg verringerte. Dies kam den politischen Bestrebungen des Landesherrn entgegen, der mit dem großen Klostervermögen liebäugelte. Der Segeberger Amtmann Heinrich Rantzau, Sohn des Johann Rantzau, betrieb behutsam die Aufhebung des Chorherrenstiftes.

Nun wurde der gesamte Klosterbesitz mit den unzähligen Ländereien und den Abgabeverpflichtungen der Klosterdörfer Staatseigentum. Heinrich Rantzau, einer der reichsten Männer seiner Zeit, der dem König immer wieder enorme Summen geliehen hatte, übernahm als Gegenleistung für die Darlehen das gesamte Klostergut in Pacht, später zu Eigentum.[102])

Die Klostergebäude blieben noch weiter bestehen, wurden sogar renoviert, wie zeitgenössischen Handwerkerrechnungen zu entnehmen ist. Auf den bekannten Stichen von Braun und Hogenberg, die im Jahre 1585 und 1588 im Auftrag Heinrich Rantzaus erstellt wurden, sieht man das Konventsgebäude noch in all seiner architektonischen Schönheit dar. Vermutlich wurde es jetzt als Dienstwohnung für Geistliche, Lehrer und sonstige klerikale Angestellte, sowie als Schulgebäude genutzt.[103])

Im Dreißigjährigen Krieg wurden die Klostergebäude später durch Wallensteins Truppen zerstört. Diese, lange Zeit umstrittene, Tatsache ergibt sich aus einer Amtsrechnung aus dem Jahre 1656/1657.[104])

Damit war die Existenz des einen Gebäudes, dem die Stadt Segeberg, neben der Burg, ihre Entstehung und frühe Bedeutung verdankt, nämlich des Klosters, beendet.

Segeberg und Gieschenhagen im Wiederaufbau

Als durch die „Grafenfehde“ die Stadt Segeberg restlos zerstört wurde, entging auch der benachbarte Ort Gieschenhagen nicht demselben Geschick. Gieschenhagen ist das Gebiet des heutigen Segebergs, das sich aufgrund der Schenkung Kaiser Lothars an Vicelin entwickelt hat. Es umfaßt Gelände der Kirchstraße, Hamburger Straße, Kurhausstraße und Oldesloer Straße. Mit der Auflösung des Klosters kam es im Jahre 1564 an die Verwaltung des Amtes Segeberg.[105])

Gieschenhagen unterstand, als eine Siedlung auf Klostergrund, ehemals dem Stift. Der Ort hatte sich anfangs, ähnlich wie Segeberg, dadurch entwickelt, daß sich hier nach und nach Gewerbetreibende ansiedelten. Kirche und Kloster zogen große Teile der Bevölkerung an, die durch Verpflegung und Übernachtungsmöglichkeiten, durch Warenangebote und andere Dienstleistungen versorgt werden sollten. Im Gegensatz zu den Segebergern hatten die Gieschenhagener den Vorteil, daß das Kloster nur ein geringes Schutzgeld und keine hohen Abgaben verlangte. Auch die wichtigen Landstraßen aus Plön, Eutin und Hamburg und Oldesloe kamen auf dem Klostergrund zusammen und begünstigten den Handel. So fiel der Konkurrenzkampf zwischen Segeberg und Gieschenhagen zugunsten des Letzteren aus.[106])

Doch durch die Katastrophe vom 3. Juni 1534 lag, ebenso wie in Segeberg, alles danieder. Aus den damaligen Unterlagen ist zu entnehmen, daß die Bevölkerung in beiden Orten auf Jahre wie gelähmt war. Viele kümmerten sich lange Zeit nicht um ihren Grund und Boden oder zogen sogar fort. Andere errichteten sich auf fremdem Grundeigentum Behelfsunterkünfte.[107])

Nur ganz Wenige hatten den Mut und die geldlichen Mittel, schon vor 1538 ihre Häuser wieder

Alt-Segeberger Bürgerhaus

aufzubauen. Zu diesen spärlichen Hausbauten gehört das Alt-Segeberger-Bürgerhaus, das heute als Heimatmuseum dient. Zwar weist der reichgeschmückte Giebel an seinem Stirnbalken die Jahreszahl 1606 auf. Bei Restaurierungsarbeiten wurde jedoch 1963 festgestellt, daß der Giebel später vorgesetzt wurde. Der Baubeginn wird daher für 1560[108]) oder sogar 1539[109]) vermutet. Dieses Haus, Lübecker Straße 15, ist typisch für die Bebauung der Stadt im 16. Jahrhundert. Auch seine Nachbarhäuser stehen noch teilweise zueinander in Größe und Anordnung wie damals. Sie bilden eine in sich geschlossene Straße, die sich unmittelbar am Fuße des Kalkberges entlangzieht. Vor den Häusern fallen die breiten

Vorplätze auf. Sie waren als Parkplätze für die Fuhrwerke und als Arbeitsplätze der Handwerker vorgesehen, die in dieser Straße durch all die Jahrhunderte wohnten und wohnen. So stellt die Lübecker Straße im wesentlichen noch heute einen typischen Straßenzug dieser „Stadt des Mittelstandes" dar.[110])

Auch das Kommunalwesen erholte sich nur sehr mühsam von den Repressalien der „Grafenfehde". Über 95% der Häuser wurden damals in Brand gesteckt, dazu gehörte auch das erste Rathaus. Zwischen 1545 und 1550 errichtete man das schöne Rathaus mit seinem dekorativen Fachwerk, wie es auf den Stichen von Braun und Hogenberg aus dem 16. Jahrhundert deutlich zu erkennen ist. Es wurde zu Beginn des 19. Jahrhunderts abgerissen und machte dem heute noch bestehenden klassizistischen Neubau Platz.

Als die Segeberger 1539 ihr Stadtbuch mit dem betrüblichen Ergebnis der „Grafenfehde" eröffneten, ahnten sie nicht, daß bereits ein halbes Jahrhundert später die Stadt eine ungeahnte Blüte erleben sollte unter dem Mann, dessen Vater sich bereits durch die Vertreibung der Lübecker einen Namen gemacht hatte: Heinrich Rantzau.

Heinrich Rantzau – Amtmann zu Segeberg

Heinrich Rantzau wurde im Jahre 1526 geboren. Die pekuniären Verhältnisse seines Vaters als einer der reichsten Grundherren des Landes ermöglichten ihm eine sorgfältige Erziehung und Ausbildung gleich einem Fürstensohn und nicht nur wie einem Kind aus dem heimischen Landadel. Nach dem Besuch der Bordesholmer Klosterschule wurde er mit zwölf Jahren nach Wittenberg auf die dortige Universität gesandt. Er erwies sich als begabter Schüler und ging im Hause Luthers und Melanchtons ein und aus. Zehn Jahre später, mit zweiundzwanzig Jahren, wurde er an den Hof und in das Feldlager Kaiser Karl V. gesandt. Zusammen mit dem späteren Herzog Adolf von Gottorf wurde er in die hohe Schule der Diplomatie eingewiesen. Außerdem erlebte er das glanzvolle höfische Leben am Hof zu Brüssel. Hier lernte er die führenden Männer Europas kennen. Diese Verbindungen sollten in seinem weiteren Leben von politischem Nutzen sein. Im Jahre 1554 trat er in die Dienste König Christians III., eines Königs, dessen Regierungszeit von äußerster Besonnenheit geprägt war.[111])

1554 wurde Rantzau königlicher Rat, 1555 Amtmann von Segeberg und 1556 königlicher Statthalter in den Herzogtümern Schleswig-Holstein. Als Statthalter hatte er die Oberaufsicht über die gesamte Landesverwaltung im königlichen Anteil ebenso wie in dieser Position die oberste Leitung über Polizei, Wirtschaft und Gewerbewesen.[112]) Zehn Jahre später übertrug ihm der nachfolgende dänische König Friedrich II. die Regierung des gemeinschaftlichen Anteils aller drei Landesherren. Rantzau wurde damit, in Vertretung für den König, neben die Herzöge Johann den Älteren und Adolf von Gottorp gestellt. Bei einigen Historikern gilt er sogar „mächtiger als der König selbst".[113]) Diese Macht wurde gestützt durch einen immensen Reichtum, dem Erbe seines Vaters und aus der enormen Mitgift seiner braunschweigischen Ehefrau Christina von Halle. Dieses Vermögen verstand er geschickt zu vermehren, insbesondere durch gewinnbringenden Geldverleih in großem Stil. Könige und Fürsten schuldeten ihm riesige Summen. Auch kaufte er große Güter an und betrieb deren intensive Bewirtschaftung.
Rantzau war gleichermaßen Großgrundbesitzer, Finanzgenie, Kaufmann, Mäzen, Bauherr und Politiker. Dank seiner umfassenden Bildung stellte er sich als gelehrter Humanist dar und als energischer Verfechter einer grenzüberschreitenden Friedenspolitik. Obwohl er aktiv an der Unterwerfung der Dithmarscher im Jahre 1559 teilgenommen hatte, galt ihm bald „ein beschwerlicher Friede besser als ein gerechter Krieg".[114])

Heinrich Rantzau

Er eilte dem Ideengut seiner Zeit weit voraus und proklamierte die gegenseitige Toleranz zu einem politischen Grundsatz. Um 1592 arbeitete er an einem Generalfriedensplan auf der Grundlage der freien Religionsausübung und Gewissensentscheidung. Diese Quintessenz seiner jahrzehntelangen politischen Erfahrung sandte er allen einflußreichen Fürsten in Deutschland und Europa zu.[115]) Leider konnte sein Ideengut Jahrzehnte später den Ausbruch des Dreißigjährigen Krieges und das Übergreifen auf Nordeuropa nicht verhindern.
Rantzaus Zeitalter war das „Goldene Zeitalter des Friedens und der Kulturentfaltung“[116]), an dem Segeberg ganz besonders partizipierte.

Segeberg im Zeichen des „Goldenen Rantzauschen Zeitalters“

In den Jahren nach der „Grafenfehde“ muß nach den ersten zögerlichen Versuchen eine reiche Bautätigkeit begonnen haben: Rantzau selbst errichtete einige Wohnhäuser und vermietete sie. Kirche und Klostergebäude schienen architektonisch in Takt zu sein, das Rathaus stellte sich als ansehnlicher Bau dar, die Burg war wieder hergerichtet worden, und Heinrich Rantzaus eigenes Haus wird als stattlich beschrieben. Sein schönes Domizil ist leider verschwunden, doch erinnern noch zwei Spuren an die Zeit seines Wirkens: die „Kapelle“ und der „Obelisk“ in der Hamburger Straße. Auf einem künstlich errichteten Hügel erbaute er 1588, im Todesjahr seines zweiten Herrschers, Friedrich II. (1534 — 1588), eine kunstvolle weitgerühmte Pyramide aus Segeberger Gips. Erstaunlicherweise ließ Rantzau die Pyramide auf dem ersten Stich von Braun und Hogenberg bereits darstellen, obwohl dieser von 1585 stammt, die Pyramide also noch gar nicht bestanden hatte. Da sie rasch verwitterte, wurde dort im 18. Jahrhundert durch

Das Wohnhaus Rantzau

einen Nachkommen, Friedrich Graf Rantzau, die heute noch bestehende steinerne Kapelle errichtet. 1590 erbaute Heinrich Rantzau, wenige Meter von der Pyramide entfernt, den sogenannten „Obelisken“ aus Bückeburger Sandstein. Er sollte von weitem den Reisenden den Weg nach

Die Pyramide

Segeberg weisen. Auch dieser hat heute von seiner Schönheit verloren. Der Obelisk war Rantzaus Lieblingsmonument zum Gedächtnis seines Königs. Leider hat das damals zwölf Meter hohe Denkmal auch einiges von seiner Bausubstanz eingebüßt. Und zierte einst seine Spitze ein Glockenspiel aus vergoldetem Erz, so ist auf Ansichten um die Jahrhundertwende nur noch ein dekoratives Storchennest seine Bekrönung gewesen. Heinrich Rantzau wollte durch die Wiedergabe der Orte Segeberg und Gieschenhagen in der prachtvollen Sammlung von Braun-Hogenberg aller Welt demonstrieren, welchen Aufschwung beide kommunalen Gebilde unter seiner Amtsführung nahmen.

Neben der Bautätigkeit war ein weiterer, sich ständig entwickelnder Beschäftigungszweig in der Rantzau-Zeit, die Tätigkeit im Kalkbruch. Mag auch im Mittelalter der Kalkabbau letztlich in bescheidenen Grenzen geblieben sein — Hamburgs Bedarf ausgenommen — so stieg der Abbau sprunghaft mit der Errichtung von Herrenhäusern und dauerhaften Bürgerhäusern im Lande. Die Kalkbrecher und die Frauen, die zu Rantzaus Zeiten mit der Fortschaffung der Gesteinsbrocken von der Arbeitsstelle beschäftigt waren, stammten überwiegend aus Segeberg. Hierbei handelte es sich um keine Gelegenheitsarbeiter, sondern um einen festen Arbeiterstamm, der teilweise über Generationen ging. Je mehr Bürger im Lande zum Hausbau Segeberger Kalk benötigten — und je mehr es sich hierbei insbesondere nur um kleinere Mengen handelte — um so mehr bestand die Notwendigkeit, diesen sofort vor Ort zu brennen. So stieg die Anzahl der Öfen und Kalkhütten in Segeberg, bis letztere im 17. Jahrhundert bereits sieben waren.

Zu Rantzaus Zeiten betrieben die Bewohner Segebergs auch Landwirtschaft. Diese erfolgte auf dem Stadt- und Burgfeld. Doch war deren Ertrag

nur gering, so daß das Handwerk die wirtschaftliche Grundlage der Stadt bildete.
Neun Friedensjahrzehnte waren den Segebergern seit der „Grafenfehde“ beschert, um ihre

Der Obelisk

Stadt wieder gründlich herzustellen und das Gemeinwesen zu sanieren. Kriegerische Auseinandersetzungen, in die der dänische Gesamtstaat in dieser Zeit verwickelt war, berührten sie zumeist nicht.

Stille vor dem Sturm – Burg und Stadt Segeberg zu Beginn des 17. Jahrhunderts

Nachdem Rantzau nach 1556 das Segeberger Schloß hatte wieder so standesgemäß herrichten lassen, daß sein König Friedrich II. sich hier nicht nur 1559, kurz vor dem Zug gegen Dithmarschen, sondern auch später gerne einfand, residierte Heinrich Rantzau als Statthalter auf dem Schloß.[117]) Er diente in den vierzig Jahren seiner Amtszeit in dieser Würde drei dänischen Königen: Christian III., Friedrich II. und Christian IV.
Im Jahre 1563 konnte der dänische König Friedrich II. auf der Burg neu empfangen werden, als er nach Holstein reiste, um von Segeberg aus Vorbereitungen gegen Schweden zu treffen.
Nach Friedrichs II. Tod im Jahre 1588 kam in sehr jungen Jahren Christian IV. auf den dänischen Thron. Auch unter Christian IV. fanden hier königliche Zusammenkünfte statt. So weilte der König vom 20. September bis 22. September 1595 mit 700 Pferden und entsprechendem Gefolge in der Stadt. An beiden Abenden wurde reichlich gefeiert.[118])

Die positiven Auswirkungen der rantzauischen Statthalterschaft und Amtmannschaft strahlten auch noch in den Beginn des neuen Zeitalters. So schritt die städtische Entwicklung Segebergs — und damit auch Gieschenhagens — zu Beginn des 17. Jahrhunderts weiter voran, bis sich die ersten Anzeichen des Dreißigjährigen Krieges bemerkbar machten. Man hätte in Segeberg und wohl auch in Gieschenhagen sein Auskommen gehabt, und dem weiteren Blühen dieser beiden kleinen Orte hätte nichts im Wege gestanden, hätte sich nicht mit dem zweiten Prager Fenstersturz 1618 das Unglück des Dreißigjährigen Krieges angebahnt.

Segeberg im Dreißigjährigen Krieg

Nachdem Heinrich Rantzau`kurz vor seinem Tode aufgrund von erheblichen Querelen mit dem dänischen Königshaus all seine Ämter verloren und sich grollend auf die Breitenburg zurückgezogen hatte, wo er verstarb, wurde der Amtmann Marquard Pentz neuer Hausherr auf dem Segeberger Schloß. Statthalter in den Herzogtümern wurde hingegen Gert Rantzau, ein Sohn Heinrichs. Dieser residierte jedoch nicht auf dem Segeberger, sondern dem Haderslebener Schloß.

Marquard Pentz war der Vater des ersten Gouverneurs der Festung Glückstadt, die Christian IV. gegründet hatte. Als aktiver Offizier nahm er an mehreren Schlachten teil. In seiner Amtszeit, die durch seinen Tod aufgrund einer Kriegsverwundung früh beendet wurde, begannen die Flammen des Dreißigjährigen Krieges (1618 — 1648) zu züngeln. Nur zu bald sollte daraus ein entsetzlicher Flächenbrand werden. Bei den militärischen Auseinandersetzungen, die sich der dänische Gesamtstaat nun im Kalmar-Krieg (1611 — 1613) mit Schweden lieferte, nahm der Amtmann Pentz gegen Schweden selbst an Gefechten im Range eines Hauptmanns teil. In den Dörfern um Segeberg sammelte er eine Reiterkompanie. Mehrere gefangene Schweden wurden später auf der Segeberger Burg festgesetzt. Pentz — der übrigens der Schwiegervater einer Tochter Christian IV. wurde[119]), denn sein Sohn Christian heiratete Sofi Elisabeth, eine Tochter des Königs mit Kirsten Munk — stiftete zusammen mit seiner Ehefrau im Jahre 1612 die Kanzel in der Marienkirche zu Segeberg. Das Paar wurde später in der Kirche beerdigt, doch ist die Grabstelle nicht mehr bekannt. An den Treppenpfosten der geschnitzten Kanzel sind beide verewigt. 1621 fand auf dem Segeberger Schloß ein Ereignis statt, das zu den Glanzpunkten der Segeberger Geschichte gehört[120]): Der Große Fürsten-

Segeberg im Dreißigjährigen Krieg

tag. Von seiten Österreichs drohte zu dieser Zeit der protestantischen Sache in Deutschland der Untergang. Um Gegenmaßregeln zu beratschlagen, lud Christian IV. 1620 die auswärtigen protestantischen Mächte und die deutschen protestantischen Reichsstände für das Jahr 1621 auf eine Zusammenkunft nach Segeberg ein. Diese fand etwa von Januar bis März des Jahres statt. Zur Unterbringung der Gäste und ihres Hofstaates mußten die alten Klostergebäude und zahlreiche Privatquartiere herhalten. Auf dem Kongreß wurde beschlossen, daß die verbünde-

ten protestantischen Mächte zum gemeinsamen Vorgehen gegen die Kaiserlichen ein gemeinschaftliches Heer aufstellen sollten. Christian IV. fügte selbst ein großes Heer zusammen und übernahm die Führung des niedersächsischen Reichskreises der Protestanten.
Der Feldzug im Jahre 1626 gegen Tilly, den Heerführer der katholischen Liga, verlief dann anders, als man es erhofft hatte. In der Schlacht bei Lutter am Bahrenberg erlitt Christian IV. eine entscheidende Niederlage. Auch sein Segeberger Amtmann Pentz verlor hier sein Leben infolge der schweren Verwundungen, die er sich im Kampf zugezogen hatte.[121]) Christian IV. mußte sich mit seinen geschlagenen Truppen über die Elbe nach Holstein zurückziehen, gefolgt von Tilly und Wallenstein. Die besiegten protestantischen Truppen fluteten durch die holsteinischen Lande zurück, ihnen auf den Fersen die Regimenter der „Ligisten" – Hunger, Not und Pest in ihrem Gefolge.
Nach der Schlacht am Bahrenberg ging es nun um die eigentliche Verteidigung des Landes. Dem drohenden Anmarsch von Tilly und Wallenstein war zu begegnen. Seit Februar 1627 hatten Stadt und Land Segeberg unter Truppendurchmärschen zu leiden. Viele in Mitteldeutschland geworbene Soldaten zogen auf der von den Elbübergängen kommenden alten Heerstraße auf dem Wege zu ihrer Sammelstelle

Christian IV. von Dänemark

durch Segeberg und mußten verpflegt und untergebracht werden. Am 6. September 1627, morgens 3 Uhr, rückten die Truppen des Obersten Graf von Schlick, der unter Wallenstein kommendierte, ein.
So war mit dem Jahre 1627 die stetige Periode des Friedens, die unter Heinrich Rantzau be-

gonnen hatte, endgültig vorbei. Es fing ein Jahrhundert des Schreckens an. Noch ahnte dies wohl keiner der Segeberger in seinem ganzen fürchterlichen Ausmaß!

Nach der Eroberung Segebergs im September 1627[122]) blieb die Stadt über den Friedensschluß von Lübeck im Mai 1629 bis zum Sommer desselben Jahres besetzt. In welchem Umfang Segeberg in diesem kaiserlichen Krieg zu leiden hatte, darüber schweigen die zeitgenössischen Chronisten im einzelnen. Doch kann man unschwer Schlüsse ziehen!

Im Frühsommer des Jahres 1629 besuchte Christian IV. erneut Segeberg. Somit muß sich ein Teil des „Hauses Segeberg" — des Schlosses, das dem Landesherrn bei seinen Besuchen vorbehalten war — noch in einem angemessenen Zustand befunden haben. Am 22. Mai 1629 war der Frieden zustande gekommen. Der König hatte die Nachricht im Lager bei Schleswig erhalten. Mit einem Teil des Heeres folgte er den abziehenden Feinden. Er bezog Anfang Juli ein Lager bei Eutin. Von dorther kam er nach Segeberg.[123])

Nach dem Tode Marquard Pentz wurde Caspar von Buchwaldt aus dem Hause Pronstorf 1629 Amtmann zu Segeberg.[124]) Er hatte auf verschiedenen deutschen Universitäten studiert und war neun Jahre auf Reisen durch Europa gewesen. Nachdem er sich mehrfach bei diplomatischen Verhandlungen und bei kriegerischen Auseinandersetzungen hervorgetan hatte, ernannte ihn Christian IV. 1629 zum Amtmann, „da Sehl. Marquart Pentze in Kaiserlicher Zeit zu Wulffenbüttel todes verblichen war".[125]) Im selben Jahr wurde er auch holsteinischer Landrat, 1634 erhielt er in Kopenhagen den Elephantenorden. Im Jahre seiner Vermählung mit Magdalene Rumohr aus dem Hause Rundhof (Angeln) trat er seine Amtmannsposition an und wohnte anfangs überwiegend in Segeberg.

Christian IV. und sein Sohn, der spätere Friedrich II., die sich in Segeberg aufhielten, beehrten das Paar bei der Hochzeit am 9. November 1630.[126]) Bei seinem Amtsantritt wurde Buchwaldt die Burg nebst Burgvorwerk und einem großen Gesinde sowie eine Meierin und auch ein Kuhhirt übergeben. In diesem Jahr befreite Christian IV. seine Untertanen in Stadt und Amt Segeberg von ihren Diensten auf dem ehemaligen Klostervorwerk und den Burgländereien.[127]) Da nun die billigen Arbeitskräfte fehlten, mußten die zahlreichen Ländereien verpachtet werden, um sie weiter bewirtschaften zu können. Obwohl das kriegerische Geschehen in Holstein seit 1629 zum Stillstand gekommen war, war es im Lande weiterhin unruhig und gefährlich. Nicht selten kamen von Truppen einzelne Haufen über die Grenze und raubten die Bevölkerung aus oder quartierten sich gar eigenmächtig ein.

Eine weitere Kriegswelle erreichte Segeberg knapp vierzehn Jahre später. Hatten die furchtbaren militärischen Ereignisse, die mit dem Dreißigjährigen Krieg über die Herzogtümer Schleswig und Holstein hereingebrochen waren, auch mit dem Frieden von Lübeck am 26. Mai 1629 ihr vorläufiges Ende gefunden, so drohten nunmehr erneute Gefahren von seiten Schwedens. Elf Jahre nach dem Tode Gustav Adolfs (1632) fielen am 12. Dezember 1643 die Schweden plötzlich bei Trittau in Holstein ein. Im folgenden Jahr kam zwar ein kaiserliches Heer unter Gallas den Dänen zu Hilfe, doch da schwedische Truppen unter Helmut Wrangel nachrückten, entwickelten sich überall im Lande immer wieder kleinkriegartige Kämpfe mit unterschiedlichem Erfolg.[128])

Bei dem Durchmarsch der Schweden durch Holstein im Jahre 1643 im Zuge der Torstenson-Fehde brannten sie in Segeberg alle Burgvorwerks-Gebäude nieder[129]), in welchen der Amtmann Vieh und Korn untergebracht hatte. Als die Schweden, von Gallas verfolgt, sich einige Zeit später auf dem Rückzug erneut durch Holstein befanden, erfolgte das Ende der stolzen Feste „Siegesburg". Caspar von Buchwaldt und der Schloßvogt Herrmann von Hatten begannen gegen die Schweden zusammen mit etwa 150 Bauernsöhnen des Amtes Segeberg einen Kleinkrieg. Sie schadeten den Schweden, wo sie nur konnten! Ihr Hauptquartier war das Segeberger Schloß. Nachdem einige der Segeberger gefangen worden waren und zwangsläufig ihr Versteck verraten mußten, legten die Schweden Feuer an die Burg, um die „Räuberhöhle" auszuräuchern.

Jahrelang lag die einst stolze Burg als Ruine da, dann ließ Caspar von Buchwaldt sie 1660 abbrechen. Ein zentrales, historisch bedeutsames Bauwerk im Lande war damit für immer vernichtet. Mit dem Ende der Burg ging auch der Niedergang der Stadt Hand in Hand.[130])

Segeberg nach dem Dreißigjährigen Krieg

Die Folgen des Dreißigjährigen Krieges waren im Lande noch nicht überwunden, als der Nachfolger Christians IV., sein Sohn Friedrich III., einen Revanche-Krieg mit Schweden wagte. Dieser hatte für das Land und auch für Segeberg verheerende Folgen. Friedrich III. beabsichtigte, das nordische Gleichgewicht wiederherzustellen. Er wollte Schweden an der Besitzergreifung polnischer Gebiete im Ostseeraum hindern und sich des durch Schweden im Westfälischen Frieden 1648 gewonnenen Erzbistums Bremen bemächtigen.[131])

Nachdem den Segebergern nicht mehr als vierzehn Jahre Frieden beschert worden war, begannen die Schrecken des schwedisch-polnischen Krieges, des sogenannten „Polackenkrieges". Die Bürger und Einwohner Segebergs flohen, so sie nur konnten. Als der Rat am 10. Juli 1657 die Stadtbürger zum Rathaus befahl, hatten alle bis auf einen einzigen den Ort verlassen.[132]) Ob die Stadt dann auf drei Jahre von Polen und Brandenburgern besetzt wurde und ob hierbei die Bevölkerung drangsaliert wurde, ist nur zu vermuten. Darüber hinaus soll in dieser Zeit Segeberg eingeäschert worden sein. Es ist anzunehmen, daß ein gleiches Schicksal Gieschenhagen widerfuhr.

Nach diesem Krieg, der sein Ende mit dem Frieden von Roskilde am 26. Februar 1658 fand, stand es um die dänischen Staatsfinanzen mehr als schlecht. Ende 1660 belief sich die Gesamtschuld der dänischen Krone auf 4 900 000 Reichstaler.[133]) Um den Staatshaushalt einigermaßen zu sanieren, verfiel die dänische Krone darauf, Grundbesitz in erheblichem Umfang an reiche Geldgeber zu verkaufen. Dieses Schicksal erlitt auch der größte Teil des Amtes Segeberg. Ausgenommen wurden hierbei unter anderem nur die ehemaligen Klosterländereien — weil sie von den zur Stadt gehörenden Gieschenhagenern genutzt wurden — und die Vorstadt Gieschenhagen — weil sie wegen der Stadt Segeberg als nicht veräußerlich galt.[134]) Auch der Kalkberg mit den Kalkhütten wurde vorerst dem König belassen, da man sich über seinen Preis nicht einigen konnte.

Die Bürger der kleinen Stadt zwischen See und Berg machten sich, unverdrossen, ob der benachbarten Widrigkeiten, daran, ihren Ort erneut auf- und auszubauen. Unter dem Schutze der Obrigkeit regte sich zum Ende des 17. Jahrhunderts wieder gewerbliches Leben, was aus dem Vorliegen von Zunftakten zu schließen ist.[135]) Es ging mit der Stadt wieder aufwärts! In dieser Zeit errichtete der Segeberger Bürgermeister Nikolaus Winkler eine segensreiche soziale Institution, die später nach ihm den Namen „Winklersches Armenhaus" erhielt. Die Winklersche Stiftung wurde in Segeberg 1685 aufgrund der letztwilligen Verfügung vom 25. Juli 1667 ins Leben gerufen.[136]) Die Stiftung ermöglichte in einem besonderen Gebäude, in Winklers Gang in Segeberg, Witwen Unterkunft, Heizung und Zuschüsse zum Lebensunterhalt. Den restlichen Lebensunterhalt mußten die bedürftigen Frauen mit Spinnen verdienen.

Das Amt Traventhal

Um diese Zeit ereilte einen großen Teil des Ortes Gieschenhagen und den Kalkberg ein eigenes Schicksal: Im Jahre 1667 war ohne legitimen männlichen Erben Graf Anton Günter zu Oldenburg verstorben, dessen Familienangehörige sowohl auf dem dänischen Königsthron, wie im Herzogtum Gottorp und im Fürstbistum Eutin saßen. Ein Streit um das Erbe Oldenburg-Delmenhorst entspann sich.

Im Zuge des umfangreichen Erbprozesses wurde das Haus Plön, unter seinem Herzog Joachim Ernst (1622 — 1671), einem Vetter des dänischen Königs, legitimer Nachfolger Anton Günters zu Oldenburg. Diese plönische Herzogslinie war erst im 17. Jahrhundert durch Erbteilung im dänischen Königshaus entstanden. Das kleine Herzogtum Holstein-Plön existierte von 1664 — 1761. Seine Herzöge stammten aus der Sonderburger Linie des Oldenburger Hauses. Herzog Joachim Ernst verzichtete jedoch auf die inzwischen von Dänemark in Besitz genommenen Grafschaften Oldenburg und Delmenhorst und ließ sich in Holstein entschädigen. So wurde an Plön der östliche Teil des königlichen Amtes Segeberg, der an das Plöner Gebiet grenzte, mit siebzehn Dörfern, sowie der Kalkberg und Gieschenhagen, abgetreten. Segeberg hingegen sollte königlich bleiben. Hieraus entstand unter dem Nachfolger 1684 das neue plönische Amt Traventhal. Joachim Ernst verstarb im Jahre 1671 mit sechsundsiebzig Jahren. Der Nachfolger im Herzogtum Plön mit dem zugewachsenen Amt Traventhal wurde sein Sohn Hans Adolf. Die Landesgrenze ging zwischen dem königlichen Anteil mit Stadt Segeberg, dem Amt Segeberg und Amt Traventhal direkt durch das zentrale Gebiet zwischen Berg, Trave und See. Auf dem Hügel oberhalb der Trave errichtete Herzog Hans Adolf von Plön ein bescheidenes Lusthaus. Hier wurde später, im Jahre 1700, der berühmte Frieden zu Traventhal geschlossen.

Gieschenhagen, das mittlerweile 51 Häuser umfaßte, erhielt kurz nach der Schaffung des Amtes Traventhal noch eine kleine Modifikation. Einige Häuser des Ortes wurden, „um besserer Richtigkeit der Scheidewegen"[137]), erneut an den dänischen König abgetreten und kamen wieder zum Amt Segeberg. Nun gab es zwei Gieschenhagen, das Traventhaler oder Fürstliche und das Segeberger oder Königliche.

Die Bergverwaltung für den Kalkabbau und wohl auch die Amtsverwaltung für Gieschenhagen, als Außenstelle des Amtes Traventhal, zogen in den sogenannten „Amtmannshof" ein. Dieser „Amtmannshof" ist im Gelände Kalkberg, Weinhof und dem tiefliegenden Teil der Lübecker Straße auf dem Rücken des Kalkbergausläufers anzusiedeln.[138])

Neue Unruhen nach 1700

Um die Jahrhundertwende entzündete sich erneut die Kriegsfackel in Nordeuropa. Der Nordische Krieg zwischen Rußland, Polen, Sachsen und Dänemark gegen Schweden entbrannte und dauerte bis 1720. Peter der Große, August der Starke und Friedrich IV. von Dänemark vermeinten, den jungen, erst achtzehnjährigen Karl XII. von Schweden, unschwer besiegen zu können. Ab Herbst 1699 lag ein Bataillon des 1. Jütländischen Regiments zu Fuß in Segeberg. Hilfsquartiere mußte Gieschenhagen stellen, sowie die nächsten Dörfer westlich der Trave. Dies war der sogenannte „tatenlose Krieg".[139]) Ein drittes Mal kamen die Schweden nach Segeberg und besetzten am 26. Juli 1700 die Orte am Kalkberg.[140]) Die Truppen, die aus schwedischen und lüneburgischen Völkern bestanden, waren 18 000 Mann stark.

Am 18. August 1700 schieden im Frieden von Traventhal, nur wenige Kilometer von Segeberg entfernt, die Dänen ohne Gewinn aus den kriegerischen Auseinandersetzungen aus, der nordische Krieg verlagerte sich an andere Schauplätze, die Schweden zogen nach sechswöchiger Belagerung ab.[141]) Als sie am 29. August Segeberg verließen, war u. a. alles Korn auf dem Felde vernichtet.[142])

Nach der Niederlage Karls XII. bei Poltawa am 6. Juli 1709 wurde nun Friedrich IV. ermutigt, die Waffen gegen Schweden zu ergreifen. Zwölf Jahre nach dem Frieden zu Traventhal rückten die Schweden, unter ihrem berühmten Feldherrn Graf Magnus Steenbock, erneut in Holstein ein. Er passierte mit seinem Heer am 3. Januar 1713 Segeberg.[143]) Am 5. Januar verließen die Soldaten die Stadt. Ein Truppendurchzug hatte für die Einwohner eines Ortes die Auswirkung eines alttestamentarischen Heuschreckenschwarmes, auch wenn es nicht zu kriegerischen Auseinandersetzungen kam. Im Jahre des schwedischen Durchmarsches erlebte die geplagte Segeberger und Gieschenhagener Bevölkerung eine weitere Invasion: Am 26. September 1713 „ist Obristlieutenant Titthard mit vier Compagnien in Segeberg angekommen, die hier bis 1714 gelegen, sieben Mann in einem Hause einquartiert" — wie Bürgermeister Esmarch über einhundert Jahre später dem Stadtarchiv entnehmen konnte.[144])

Die Bevölkerung sollte weiterhin noch nicht

zur Ruhe kommen. Am 30. Oktober 1717 und danach erfolgten wieder Truppendurchzüge. Es „ist Obristlieutenant Staffeld mit seiner Compagnie Dragoner hier in Quartier gekommen; darauf den 9ten October 1719 der Major — dessen Compagnie aus 84 Mann bestand, wobei 25 Weiber gewesen, und nachdem dieser hier 1 Jahr und 3 Monate gelegen, ist ihm gefolgt der Major Soltau mit seiner Compagnie den 1sten Februar. Dieser ist den 8ten Mai abmarschirt und an dessen statt hieher gekommen Capitain Bülow mit seiner Compagnie (61 Pferde)".[145]) 1728 wurde der Sitz des Segeberger Amtes nach Bramstedt verlegt.[146]) Die Verlegung des Segeberger Amthauses an einen anderen Ort wurde allseits als Benachteiligung der Stadt empfunden. Hatte der Dienstort des Amtmannes Segeberg doch einige Bedeutung gegeben und auch einige Privilegien zugeführt.[147])

In den Jahren zu Beginn des 18. Jahrhunderts, in denen man sich nur mühsam von den Unbillen der Vergangenheit zu erholen suchte, wurde Segeberg von einem weiteren Schicksalsschlag heimgesucht: Pest und Blattern wüteten wiederholt in der Stadt. Allein im Jahre 1712 erlagen 36 Personen der Pest.[148]) Bedenkt man, daß Segeberg, noch Jahre später, bei der ersten Volkszählung 1769 nur 563 Einwohner zählte und damit die kleinste Stadt in den Herzogtümern war[149]), verstarb ein hoher Prozentsatz.

Das Jahr 1761 wurde zu einer gewissen Bedeutung für die Segeberger und Gieschenhagener. Am 18. Oktober 1761 verstarb zu Traventhal, wo er ein reizendes barockes Lustschlößchen hatte errichten lassen, Herzog Friedrich Karl zu Plön. Da er keine legitimen männlichen Erben hinterließ, fiel das Amt Traventhal nach einem Erbfolgevertrag an die dänische Krone zurück.[150]) Für Gieschenhagen hatte dieses, im Vergleich zu Segeberg, nachteilige Folgen. Nun bestand keine Veranlassung von seiten des Landesherren mehr, den Flecken auf Kosten der Stadt Segeberg zu begünstigen.[151]) Insbesondere als Gieschenhagen 1769 unter die Jurisdiktion des Magistrats in Zunft- und Einquartierungsangelegenheiten gelegt wurde, fand mehr eine Bevorzugung Segebergs statt. Die beiden ehemaligen Gieschenhagen wurden aber, wenn auch nunmehr wieder unter einem Landesherren, noch nicht zu einem Kommunalwesen verbunden. Dies hatte seine Ursache in der weiter bestehenden unterschiedlichen Jurisdiktion. Im Traventhaler Gieschenhagen verblieb man beim Lübschen Recht, im Segeberger beim Sachsenrecht.

Ein neues Amthaus in Gieschenhagen

Ein günstiges Ereignis war die Rückkehr des Amthauses nach Segeberg im Jahre 1782. Korrekt gesagt war es eine Rückkehr nach Gieschenhagen. Dies Ereignis fand unter dem Segeberger Amtmann Andreas Schumacher (1726—1790) statt.[152]) Sein Sohn Heinrich Christian, geboren am 3. September 1780, der einen Teil seiner Kindheit — nämlich von 1782 bis 1790 — in Segeberg und Gieschenhagen erlebte, war der spätere große Astronom und Geodät, der Begründer einer Altonaer Sternwarte.[153])

Amtmann Schumachers Stellvertreter war von 1740 bis 1770 der Amtsverwalter Paul Christian Stemann. Dieser war gleichzeitig ehrenamtlicher Bürgermeister in Segeberg. Stemann war Mitglied einer weitverzweigten Familie, die bedeutende Juristen im Lande stellte. Er kaufte von der Witwe seines Vorgängers, des Amtsverwalters Snellen, dessen Anwesen, das in Gieschenhagen, an der heutigen Hamburger Straße, lag. Er ließ das Wohnhaus abreißen und errichtete das heute noch bestehende reizvolle Landratsamt zwischen 1750 und 1760. Auch die Linden, die in der Hamburger Straße bedauerlicherweise überwiegend verschwunden sind, ließ er alleeartig anpflanzen. Leider ist der Architekt dieses ästethischen, stattlichen Hauses mit dem Dach „à la mansarde" und dem repräsentativen Eingang nicht bekannt.

Nachdem 1770 Stemann verstorben war, verkaufte seine Witwe zwei Jahre später den Besitz an ihren jüngsten Sohn Friedrich Hinrich, der in die beruflichen Fußstapfen seines Vaters trat.[154]) Stemann blieb nur wenige Jahre Amtsverwalter im Amte Segeberg, dann führte ihn seine weitere berufliche Karriere fort von Segeberg-Gieschenhagen. Er wurde später Generalzolldirektor mit Dienstsitz in Rendsburg. So erwarb 1781 die Königliche Rentekammer (das Finanzministerium) in Kopenhagen den Stemannschen Besitz und machte ihn zum Dienst- und Wohnhaus des jeweiligen Amtmannes.

Erreichte Gieschenhagen gegenüber Segeberg erneut eine Bevorzugung durch die Verlegung des Amtmannsitzes in den Flecken — (wohin er auch geographisch gehörte) — so blieb auch in wirtschaftlichen Dingen das bekannte Mißverhältnis zwischen Segeberg und Gieschenhagen bestehen.

Noch 1794 heißt es in den Provinzialberichten[155]):

„. . . ist Gieschenhagen im Vortheile vor Segeberg und hat den größten Gewinn von der dortigen bürgerlichen Nahrung".

Neubauten und Stiftungen

Das 18. Jahrhundert war für die Herzogtümer, unter den Fittichen des dänischen Gesamtstaates, insbesondere nach Übergang auch des Gottorfer Anteils an die dänische Krone im Jahre 1773, eine Zeit der kulturellen Blüte und des wachsenden wirtschaftlichen Wohlstandes. Hiervon mußten auch Segeberg und Gieschenhagen profitieren. Doch auch jetzt wurden die Orte von Schicksalsschlägen nicht verschont. Zwar zerstörten in diesen Jahrzehnten, bis zu Beginn der Napoleonischen Wirren, keine kriegerischen Auseinandersetzungen das Stadtbild, doch war gerade für die friedlichen Zeiten eine andere Komponente schädlich: die zahlreichen Stadtbrände. Schon in den Jahrhunderten davor war die Vernichtung ganzer Straßenzüge innerhalb kürzester Frist an der Tagesordnung gewesen. Dies war auch bedingt durch die Bauweise der meisten Häuser. Zwar war man zumeist lange davon abgekommen, ein Dach „weich", d. h. in Reet zu decken, doch verwandte man zum Dichten eines Pfannendaches sogenannte „Wiepen". Das waren kleine Strohbüschel, die man zwischen den Pfannen befestigte. Diese Dächer „in Wiepen" waren von nicht geringer Feuergefährlichkeit. Die Schwippbogenherde mit ihrem offenen Feuer taten daneben das ihrige, die Brandgefahr zu erhöhen. Züngelten erst einmal in einem Haus die Flammen, so gab es bei der üblichen Bauweise in Fachwerk mit Balken und Lehmanstrich kein Halten mehr.

Man erkannte alsbald, daß nur ein schnelles Eingreifen die Gefahr der gänzlichen Zerstörung vermindern konnte. So ließ man zu Beginn des 18. Jahrhunderts eine Feuerspritze in Lübeck bauen.[156]) Drei Jahrzehnte blieb die Stadt überwiegend vom Feuer verschont. In den dreißiger Jahren des 18. Jahrhunderts kam es dann wieder zu erheblichen Brandschäden. Der Wiederaufbau eines Gebäudes wurde durch die Mitgliedschaft in einer Brandgilde gesichert.[157]) Im letzten Drittel des Jahrhunderts wurde eine Städtebrandkasse eingeführt. Die größte Brandkatastrophe der letzten 400 Jahre erlebte Segebergs Altstadt am 8. September 1787. Die Stadt bot danach ein Bild der totalen Verwüstung. Durch die neue Feuerversicherung ging der Wiederaufbau der Stadt jedoch zügig voran.

Bei all den Bränden blieb immer ein winziger Teil der Stadt verschont, nämlich die Südseite der Oberbergstraße und das Gebiet um das Rathaus. Dadurch ist das älteste Haus Segebergs mit

seinen über 350 Jahren in der Lübecker Straße erhalten geblieben.
Durch die Baulücken, die durch die Brände entstanden, war man in der Lage, oft größere und feuersicherere Häuser an die Stelle der älteren, zumeist ländlichen Gebäude treten zu lassen. So sind noch, insbesondere aus dem 18. Jahrhundert, in Segeberg und dem ehemaligen Gieschenhagen einige dekorative Bauwerke be-

Die Kirchspielvogtei

wahrt, die seinerzeit als äußerst neuzeitlich galten, wenn sie auch heute gerade durch ihre nostalgische Atmosphäre begeistern.
Das Segeberg des 18. Jahrhunderts war insbesondere eine Stadt der höheren Beamten, denn ein Handel nach Art der Lübecker blieb dem Ort zu allen Zeiten versagt.
Man war bemüht, nicht mehr die Häuser dichtgedrängt in einer engen Straßenzeile, ohne Seitenabstand, zu bauen, sondern wollte, soweit die finanziellen Mittel es erlaubten, anspruchsvollere Häuser errichten, in die Licht und Luft freien Zugang hatten und die den gehobenen Berufsstand ihres Eigentümers repräsentierten.
Zu diesen Gebäuden gehört die ehemalige Kirchspielvogtei Lübecker Straße 23, die 1789 durch den Haus- und Kirchspielsvogt Wichmann erbaut wurde. Das Haus ist mit seiner klassizistischen Front noch immer, neben dem ehemaligen Amthaus, eines der schönsten Bauwerke der Stadt. Ein halbes Jahrhundert später befand sich hier, unter dem Postmeister Theodorus Koch, die Poststation. 1813 beherbergte das Haus allerhöchsten Besuch. Der spätere König von Schweden, damals noch Oberbefehlshaber unter Napoleon, Marschall Jean Baptiste Bernadotte, schlug dort im Dezember 1813 sein Quartier auf. Später lebte hier die Familie des Senators und Bergkontrollcurs Magnus, dann der Kirchspielvogt Lange, weiterer Nachfolger war der Gastwirt Hinrich Fürstenberg, der 1848 darin eine Backstube mit Gastbetrieb einrichtete.[158])
Auch kleinere, ursprünglich ländliche Wohnhäuser der ehemaligen Segeberger Ackerbürger wurden verändert und erweitert. Oft wurden die Viehställe und Schuppen zu Werkstätten umgewandelt.[159]) So wurde das Haus Lübecker Straße 70 im 18. und später noch im 19. Jahrhundert verbreitert, das Gebäude Lübecker Str. 68 wurde durch ein reizvolles Traufenhaus ersetzt,

das nicht mit dem Giebel, sondern mit der Traufseite zur Straße stand. Ein klassisch ausgewogenes Traufenhaus, das in seiner Ansicht unversehrt erhalten blieb, befindet sich auch auf dem Grundstück Lübecker Straße Nr. 75. Auch das Haus Lübecker Straße Nr. 12 mit seinem Barockportal ist im Mittelteil ein nobles Beispiel Segeberger Wohnkultur. Eine, insbesondere in Ostholstein am Ende des 18. Jahrhunderts, beliebte Frontansicht bietet das Haus Lübecker Straße 17 mit dem geschweiften Giebel.[160])
So vermittelt manches Segeberger Haus noch heute ein wenig den Geist der zweiten Hälfte des 18. Jahrhunderts, als es sich unter den Fittichen des dänischen Gesamtstaates gut leben ließ.
Das späte 18. Jahrhundert brachte den Segebergern eine Schenkung einer gut situierten Familie, die noch besteht. Die Witwe des Claus Schnack von der Herrenmühle, die 1753 verstarb[161]), vermachte der Marienkirche zu Segeberg einen der beiden dekorativen Kronleuchter aus Messing, die auch heute im Kirchenschiff unter der Vierung hängen. Außerdem schenkte die Witwe dem Winklerschen Stift 200 Reichstaler.
Die Tochter Catharina Schnack heiratete den Kanzleirat Stange und lebte mit ihm zeitweise im „Höhlenkrug". Sie vermachte in ihrem Testament im Jahre 1770 der Segeberger Kirche einen ihr gehörigen Kirchenstuhl und ein Kapital von 1 000 Talern. Von den Zinsüberschüssen war unter anderem der zweite Kronleuchter anzuschaffen.[162])

Segeberg in den Napoleonischen Wirren

Das Ende des 18. Jahrhunderts war gekennzeichnet durch die weltweit sich auswirkende französische Revolution, die am 14. Juli 1789 mit der Erstürmung der Pariser Bastille, dem Staatsgefängnis, begann.
Zu dieser Zeit wurde der dänische Gesamtstaat ab 1784 durch den erst sechzehnjährigen Kronprinzen, den späteren König Friedrich VI., vertreten, da sein Vater, Christian VII., nicht regierungsfähig war.
1799 wurde Napoleon Bonaparte erster Konsul und später französischer Kaiser. Mit dem Anwachsen seiner Macht und der Fülle der kriegerischen Auseinandersetzungen reduzierte sich der Einfluß und die Bedeutung des dänischen Gesamtstaates. Hatte der kluge dänische Staatsmann Andreas Peter Bernstorff — selbst Eigentümer des unweit Segebergs gelegenen Gutes und Herrenhauses Borstel — durch eine überlegene, ausgewogene Diplomatie dem dänischen Gesamtstaat und damit auch den Herzogtü-

mern Schleswig und Holstein nach innen und außen für eine bedeutsame Zeitspanne Ruhe und Frieden gesichert, so begann nach seinem Tode, am 21. Juni 1797, für Schleswig-Holstein eine neue Zeit. Die bewährte Bernstorffsche Neutralitätspolitik wurde aufgegeben. Der dänische Gesamtstaat geriet in Affront zu England. Die Danisierungsversuche in den Herzogtümern begannen in einer Zeit, als sich Schleswig und Holstein in einer ausgesprochenen Notlage befanden, denn Dänemark ging ein Bündnis mit Napoleon ein. Von diesem war die Kontinentalsperre gegen England verhängt worden. Französische und spanische Truppen besetzten die Herzogtümer, um die Sperre zu überwachen.

Schlagartig waren damit die „Goldenen Bernstorffschen Jahre" des Wohlstandes im Lande zu Ende. Doch Schleswig und Holstein verhielten sich Dänemark gegenüber, trotz der Repressalien Napoleons, weiterhin loyal, auch als 1813 der dänische Staatsbankrott erfolgte, der das Wirtschaftsleben in den Herzogtümern mit in die Tiefe riß. Dänemark hielt auch nach der Völkerschlacht bei Leipzig zu Napoleon. Es schloß sich nicht einer großen Koalition der anderen Staaten gegen Frankreich an. Der Grund lag u.a. darin, daß man dem schwedischen Thronfolger, der später als Carl Gustav XIV. Johan regieren sollte und der niemand anderes als der ehemalige französische Marschall Jean Baptiste Bernadotte war, Norwegen zugesichert hatte, was gegen Dänemarks Interesse ging.

So wurde Schleswig ebenso wie Holstein gegen Ende des Jahres 1813 Kriegsschauplatz. Eine schwedisch-russisch-preußische Armee überflutete die Herzogtümer und verblieb über ein Jahr im Lande. Infolge der Einquartierungslasten wurde insbesondere der strenge Winter 1813/14 als sogenannter „Kosakenwinter" bei der Bevölkerung nachhaltig in Erinnerung behalten.

Auch in Segeberg erfolgte eine unheilvolle Zeit. Der Amts- und Bergverwalter zu Traventhal und Gieschenhagen, Hinrich Jürgen Matthias Storjohann (1176—1834), berichtet aus der Zeit, als im Dezember 1813 Bernadotte die Kirchspielvogtei zu einem der Hauptquartiere der kombinierten Nordarmee gemacht hatte, mit dem 1. Januar 1814[163]):

„daß 20000 bis 30000 Mann der combinierten Nordarmee unter dem Oberbefehl des Marschall Bernadotte (Russen, Kosaken, Mecklenburger, Preußen und Engländer) mit den dazugehörigen Pferden von Deutschland her durch die hiesige Gegend und die Stadt Segeberg gegangen sind. . ."

Nach dem Kriege von 1813 war die Stadt in einer so schlechten finanziellen Verfassung, „daß es beinahe unvermögend war, als städtische Commüne ferner zu bestehen."[164])

Der Kalkberg zu Beginn des 19. Jahrhunderts

Das Schicksal von Kalkberg und Stadt lief immer noch auseinander, auch wenn für die Stadt Segeberg wie für das Umland die Kalkbergverwaltung nach wie vor ein wichtiger Arbeitgeber war. Hierbei war es für die Stadt von wirtschaftlicher Bedeutung, daß Geld in Form der Löhne von außen hereinkam.[165])

Nachdem 1761 das Herzogtum Plön und damit das Amt Traventhal und auch der Kalkberg in den Besitz der dänischen Krone gelangt war, diente das reizende Rokokoschlößchen hoch über der Traveschleife auf einem bewaldeten Hügel, nach der Aufgabe als königlich-dänische Sommerresidenz, teilweise dem Amtmann Graf Luckner als Dienstwohnung (1789). Ab 1781 wurde zuvor aus Rationalisierungsgründen dem Kalkbergverwalter Friedrich Carl Jansen, dessen Wohnung sich am Kalkberg befand, auch der Amtsverwalterposten als Vertreter des Amtmannes übertragen. Jansen war bis 1804 in dieser Funktion tätig. Sein Nachfolger wurde der bereits zitierte Jürgen Matthias Storjohann, königlich-dänischer Kammerrath, Amts- und Bergverwalter zu Traventhal und Gieschenhagen. Er war der erste Volljurist auf diesem Posten, wohingegen im Staate Gottorf die Amtsverwalter bereits immer, wie ihre Vorgesetzten, die Amtmänner, Volljuristen gewesen waren. In den nachfolgenden Jahren 1804—1822 mußte sich Storjohann mehreren lokalen Problemen unter seinen zwei Vorgesetzten, dem Amtmann Nikolaus Graf Luckner (tätig von 1781—1808) und Dietrich von Staffeldt (tätig von 1810—1828) stellen: Die Kalkgewinnung mußte rationalisiert werden und die finanziellen Probleme infolge der Napoleonischen Kriege und des dänischen Staatsbankrotts mußten überwunden werden.

Storjohann hatte in Kiel und Göttingen Rechtswissenschaft studiert. Nach seinem Examen war er anfangs Amtsschreiber in der Segeberger Amtsstube unter dem Amtmann Christian Friedrich von Brockdorf (1997—1801) gewesen. Drei Jahre lang war er dann Kanzlist in der Deutschen Kanzlei in Kopenhagen. 1800 hatte er sich in Segeberg mit der Tochter des damaligen Traventhaler Amtsverwalters, Louise Eleonore Jansen, verlobt, die er 1805 heiratete.

Nach dem Tode seiner Frau im Jahre 1814 stand er mit vier kleinen Kindern allein da und heiratete die ältere Schwester seiner Frau, Friederike Maria Johanna. Seit 1826 lebte er mit seiner Familie in dem heute noch bestehenden reizvollen

Amts- und Bergverwalterhaus, dem späteren Katasteramt, das bei dem Neubau des Amtsgerichts Segeberg 1985 mit in dessen Anlage integriert wurde.
Der Entwurf, der 1824 zur Ausführung kam, stammte von niemand geringerem als dem „Schinkel des Nordens“[166]), dem in Husum geborenen ehemaligen Landbaumeister Holsteins, C. F. Hansen. Dieser war 1804 nach Kopenha-

F. L. Schmitz, Die Familie Storjohann.

gen übergesiedelt, wurde dort Mitglied der obersten Baukommission und gab Kopenhagen ein klassizistisches Gepräge. Auch in Schleswig-Holstein, Hamburg und Altona sind heute noch viele repräsentative Zeugen seines architektonischen Könnens zu finden.
Das neue, in Gieschenhagen, Am Kalkberg Nr. 18 gelegene Haus erhielt den Namen „Sr. Majestäts Amts- und Bergverwalterwohnung.“
Zu dem stattlichen Anwesen gehörte eine Hauskoppel, eine Scheune und noch weitere Ländereien. Storjohann leitete zusammen mit dem Bergcontrolleur die Verwaltung des Gipswerkes unter der Aufsicht des Amtmannes bis 1833. Ein Jahr später verstarb er. Als Bote unterstand ihm der sogenannten Pflugvogt, der polizeiliche Funktionen am Kalkberg ausübte.[167])
Zu Storjohanns Zeit war der Volljurist Christian Friedrich Magnus (1769 bis 1832) Bergcontrolleur. Er ist der ~~Vater~~ des Malers Christian Carl Magnussen und der Groß~~vater~~ des Bildhauers Harro Magnussen, der u. a. die Bismarck-Statue in Kiel schuf. Storjohann war sein Studienkamerad auf der Universität zu Kiel gewesen.[168])
An ihn und seine Frau, die Senatorin Anna Magdalena, geb. Wichmann, erinnert ein klassizistischer weißer Obelisk aus Kalkstein vor der Marienkirche. Frau Magnus hatte das Unglück, in einem Jahr zuerst ihren Sohn, den jungen Studenten der Medizin, Christian Friedrich und sechs Wochen später ihren Mann zu verlieren. Zwischen 1804 und 1808 wurden unter Magnus,

F. Thöming, Segeberg mit Gipsmühle

mit Hilfe des fachlich ausgebildeten John Olsen Sunne als Steiger, Bohrungen im Kalkgestein ausgeführt. Magnus fand im Juni 1805 und auch 1816 Steinsalz. Man vermutete nun in der Tiefe ein größeres lukratives Steinsalzlager. Obwohl man, um tiefer zu kommen, von der Sohle des ehemaligen Burgbrunnens aus Bohrungen bewerkstelligte, fand man das erhoffte Steinsalzlager nicht.[169]) So nahm man von weiteren Bohrungen vorläufig Abstand und konzentrierte sich auf die Verstärkung des Gipsabbaues. Ende 1820 wurde eine achteckige Gipsmühle nach Art der Holländer-Segelwindmühlen gebaut. Hierdurch wurde der im Ofen gebrannte Kalk zerkleinert. Die Errichtung der Gipsmühle bedeutete eine wesentliche Arbeitserleichterung.

Segeberg und Gieschenhagen unter Bürgermeister Esmarch

Um die finanzielle Misere Segebergs nach der Napoleonischen Zeit zu beheben, sann man nach einer Möglichkeit, das Gemeinwesen Segebergs wirtschaftlich zu sanieren. Am 7. März 1820 kam eine königliche Urkunde zur Ausführung, die Gieschenhagen und Segeberg zu *einer* Stadt mit dem gemeinschaftlichen Namen Segeberg verband. Gieschenhagen hatte nunmehr weder eine Verbindung zum Amt Traventhal, noch zum Amt Segeberg und unterstand jetzt der Jurisdiktion der Stadt Segeberg. Die Gieschenhagener erhielten die Rechte und Freiheiten der Segeberger, mußten sich dafür jedoch an den kommunalen Lasten Segebergs, die Altschulden ausgenommen, beteiligen. Zu dieser Zeit zählte Segeberg 836, das Traventhaler 737 und das Königliche Gieschenhagen 350 Einwohner.[170]) So wurde Segeberg mit dem Jahre 1820 ein ganz neuer Ort. Er verdoppelte seine Einwohnerzahl, neue Straßen wurden erstellt, Baulücken gefüllt und das Stadtbild verschönte sich. Auch im Aufbau der Stadtverwaltung änderte sich einiges. Waren durch die Jahrhunderte überwiegend zwei Bürgermeister und acht Ratsverwandte ehrenamtlich für das Kommunalwesen tätig gewesen, so stand dem Magistratskolleg nunmehr nur ein Bürgermeister, der zugleich Stadtsekretär und Polizeichef war, vor.
Gemäß dem „Reglement für die ökonomische Verwaltung" der Stadt Segeberg vom 14. März 1829 wurde außerdem eine kommunalpolitische Neuerung eingeführt: In offener Wahl wa-

Bürgermeister Esmarch und Frau Elsabe

ren durch Segeberger „Bürger", die als Hausbesitzer das Wahlrecht hatten — im Gegensatz zu den übrigen Einwohnern — acht Mitglieder des Depurtiertenkollegiums auf sechs Jahre zu wählen. Dies war ein erster Schritt zur demokratischen Mitverantwortung durch den Bürger.[171]) Der Bürgermeister sollte seine Dienstwohnung im unteren Stockwerk des alten Rathauses nehmen. Dieses war jedoch eigentlich schon seit Jahrzehnten äußerst baufällig. Man behalf sich aus Kostengründen jedoch immer wieder nur mit Reparaturen. Ab 1820 war neuer Bürgermeister der nicht ortsansässige Johann Philipp Esmarch. Dieser war vom König eingesetzt worden. Er war Jurist mit der damals üblichen Ausbildung, die ihn u. a. auch nach Kopenhagen geführt hatte. Esmarchs Aufgabe war vor allem die unproblematische Einverleibung Gieschenhagens und die Sanierung des Gemeinwesens. Dies gelang ihm zur allgemeinen Zufriedenheit. Dank seiner Tatkraft erlangte der Ort einen gewaltigen Aufschwung, der sich auch in einer regen Bautätigkeit ausdrückte. 1823 wurde ein neues Gefängnis gebaut, dann kam der Neubau einer Schule hinzu. Fünfhundert Kinder wurden in vier Klassen in den neuen Räumlichkeiten „bequem" (!) untergebracht.[172]) Zuvor hatte die alte Schule gar nicht alle Kinder fassen können, so daß viele bettelnd und plündernd durch die Nachbardörfer gezogen sein sollen.

Nach Esmarchs Dienstantritt bemühte man sich ernsthaft um die Bewilligung eines Rathausneubaues. Am 11. Juli 1826 erfolgte die Grundsteinlegung des klassizistischen Baues. Der Segeberger Historiker Horst Tschentscher hat anhand eines alten Zeitungsartikels vom Juli 1826 feststellen können, daß sich die Segeberger seinerzeit darüber klar waren, wer der Architekt dieses stilistisch so ausgewogenen Gebäudes war: der bekannte ehemalige Landbaumeister C. F. Hansen, der bereits das Traventhaler Amtshaus entworfen hatte. Esmarch war ein Onkel ersten Grades des schleswig-holsteinischen Dichters und Juristen Theodor Storm. Esmarchs Ehefrau Elsabe war die Schwester von Storms Mutter Lucie. Nachdem Storm Esmarchs älteste Tochter Constanze am 15. September 1846 in der Dienstwohnung der Esmarchs, dem ersten Stock des neuen Segeberger Rathauses, per Haustrauung geheiratet hatte, wurden sein Onkel und seine Tante gleichzeitig seine Schwiegereltern. Theodor Storm weilte immer gerne in Segeberg. Zahlreiche Novellen und Gedichte lassen den Landschaftsraum um die Stadt und seine Kalkbergimpressionen anklingen.[173]) Esmarch war ein Patensohn des Homer-Übersetzers und Verfassers der Idylle „Luise", Johann Heinrich Voß. Er wurde am 8. Juli 1794 in Holtenau geboren und besuchte, wie später sein Schwiegersohn Theodor Storm, die Husumer

Adolf Burmester, Stipsdorf — ein Ausflugsziel Theodor Storms

Gelehrtenschule. Er studierte Rechtswissenschaft in Kiel und Heidelberg. Auf Schloß Gottorf bestand er 1816 das Examen und wurde dann in der schleswig-holsteinischen Kanzlei in Kopenhagen eingestellt. Nachdem er die selbständige Position eines Bürgermeisters in Segeberg erhalten hatte, heiratete er am 21. Dezember 1821 seine Husumer Braut Elsabe Woldsen, deren Mitgift beachtlich war, denn sie stammte aus einer wohlhabenden Kaufmannsfamilie.

Die Ehe muß sehr harmonisch gewesen sein, bis ein tragisches Schicksal beide trennte: im Alter wurde Elsabe geisteskrank und mußte die letzten Lebensjahre in der Heilanstalt Kropp bei Schleswig verbringen.

Esmarch errang bald eine angesehene Stellung in Segeberg, da er es verstand, sein theoretisch erworbenes Wissen praktisch anzuwenden.

In seiner Amtszeit war am Sonntag, den 4. Juni 1826, die erste Ausgabe des „Königlich priviligierten Wochenblattes“ in Segeberg erschienen. Es gehörte zu den älteste Zeitungen des Landes. Die Herausgabe des Segeberger Wochenblattes wurde für die kleine Stadt zu einem besonderen Ereignis. Gegründet wurde es von dem Buchdrucker C. H. Bade, der in Segeberg zu Anfang der zwanziger Jahre eine Druckerei betrieb. Es erschien anfangs wöchentlich und „suchte seine Leser zu unterhalten und erheitern“.[174]) Vom Zeitgeschehen außerhalb der Stadt wurde noch wenig berichtet. In späteren Jahren kam allerdings ein sogenannter politischer Teil hinzu mit

J. J. Hörup, Kalkabbau in Segeberg

der bezeichnenden Überschrift „Aus der neuesten Zeit". Nach dem Tode Bades im Sommer 1830 ging der Betrieb in den Besitz des Buchdruckers Carl Heinrich Wäser über. Die Firma wurde von dem Sohn Hermann Wäser nach dem Tode Carl Heinrichs im Jahre 1892 weitergeführt. Als dieser 1893 überraschend verstarb, trat ab 1894 der Lübecker Buchdrucker Chr. Wulff der Witwe als Prokurist zur Seite.

Im Jahre 1905 übernahmen H. Wäser und Chr. Wulff die Betriebsleitung. Seit diesem Jahr erscheint das Blatt, das sich heute „Segeberger Zeitung" nennt, täglich.

Vier Jahre nach der Erbauung des Rathauses und zehn Jahre nach der Verbindung mit Gieschenhagen war Segeberg immer noch eine kleine Stadt von etwa 1500 Einwohnern, die vorwiegend als Handwerker und Bauern lebten. Noch immer war das Stadtbild, bis auf wenige repräsentative größere Bauwerke, geprägt durch niedrige Häuser mit den typischen Holzgiebeln. Doch es gab neben der Buchdruckerei, die das Wochenblatt herausgab, bereits einen Kreisphysikus, dessen Einzugsgebiet bis Reinfeld und Traventhal ging. Auch eine Apotheke bestand in dem Ort, und das schon seit einhundert Jahren. Damit konnte es jedoch für die medizinische Betreuung der Stadt und des Umlandes nicht sein Bewenden haben. Schon 1841 setzte sich der damalige Physikus Dr. Henning für den Bau eines Krankenhauses ein. Doch damit mußte noch über dreißig Jahre gewartet werden.

Dafür kam es Ende der dreißiger Jahre zu der Gründung einer für Segeberg ebenfalls sehr bedeutsamen Institution, des Lehrerseminars. War 1781, nachdem der Zwergstaat Gottorf 1773 an das dänische Königreich ausgetauscht worden war, in Kiel ein Lehrerseminar entstanden, so wurde dieses 1823 mangels eines geeigneten Vorstandes geschlossen. Jetzt bestand nur noch als einzige Lehrerbildungsanstalt für beide Herzogtümer das 1786 in Tondern gegründetete Institut.

So beschloß die Regierung, zu Michaelis 1839 die Eröffnung eines Seminars in Segeberg.[175])

Man entschied sich anstelle von Kiel für Segeberg, weil das Leben in einer Kleinstadt für die Seminaristen billiger zu sein versprach und weil die gewisse Abgeschiedenheit des Ortes die Selbständigkeit der jungen Leute fördern und sie von ablenkenden Ausschweifungen abhalten sollte, die eine Universitätsstadt bot.

Nach langen Verhandlungen, insbesondere über den Standort, legte der dänische König Christian VIII. 1840 persönlich den Grundstein.

Das Husumer Wochenblatt berichtete ausführlich zu diesem Ereignis[176]):

„In einem Schreiben aus Segeberg im „Altonaer Merkur" über die Anwesenheit seiner Majestät des Königs und der Königin heißt es unter anderem: ‚Kaum auf dem Segeberger Amtshaus eingetroffen, geruhte Seine Majestät der König zu resolvieren, sogleich die Grundsteinlegung des zu erbauenden Segeberger Seminargebäudes vornehmen zu wollen. Alles strömte daher augenblicklich zu jener Stätte hin, wo das schöne, bedeutungsvolle Werk von der Hand unseres erhabenen Königs vollzogen werden sollte. Über dem Grundstück war ein Pavillon geschmackvoll errichtet, der groß genug war, eine nicht geringe Anzahl von Beamten, von der Nähe und Ferne, mit deren Gattinnen und sonstigen Damen, zu fassen. König und Königin, nebst Gefolge erschienen bald, und nachdem der Herr Kammerherr von Rosen eine sehr ansprechende Rede gehalten und von Herrn Justizrat Esmarch die auf einer Silberplatte gravierte Inschrift der Versammlung verkündet war, wurde diese in den Grundstein eingelegt und so künftigen Jahrhunderten übergeben.‘“

Damit wurde Segeberg für Jahrzehnte zum Sitz einer bedeutenden Ausbildungsstelle für Lehrer. Durch zahlreiche Konzerte und sonstige Veranstaltungen brachte das Seminar neue kulturelle Impulse in den kleinen Ort. Die Seminaristen lebten bei den Segeberger Bürgern zur Untermiete und waren begehrte Heiratskandidaten der Töchter der Stadt.

Berühmte Zeitgenossen

In die Amtszeit Bürgermeister Esmarchs fiel die Geburt manches später sehr berühmten Zeitgenossen. Auch gehörten viele, wohl über Segeberg hinaus, bekannte Persönlichkeiten zu seinem Verwandten- oder Bekanntenkreis.

Ein Segeberger, wenn auch nicht ein gebürtiger, ist der Heimatdichter Joachim Mähl. Er wurde am 15. September 1827 im heutigen Hamburg-Niendorf geboren. Mit Segeberg fühlte er sich immer sehr verbunden. Von hier stammte seine Ehefrau und hier war er von 1845 bis 1848 Seminarist gewesen. Mit achtzehn Jahren trat er im Herbst 1845 in das Seminar ein. Er wohnte zur Untermiete bei einer Familie Dehn am Kleinen See. Begeistert genoß er die Segeberger Tage und entwickelte insbesondere zu seiner Mutter einen lebhaften Briefwechsel, der teilweise erhalten ist.[177])

Nachdem Mähl von 1848 bis 1851 als Dragoner am Feldzug gegen Dänemark teilgenommen hatte, wurde er fast vier Jahre lang Lehrer an der Seminarübungsschule zu Segeberg. Er heiratete Wilhelmine Delfs, die Tochter des Segeberger Kantors und Lehrers und die Schwester des Malers Moritz Delfs. Moritz Delfs hat sich insbesondere als Tier- und Schlachtenmaler sowie als Porträtist einen Namen gemacht.[178]) Seine Werke hängen u. a. im Kieler Schloß, in der Hamburger Kunsthalle und im Altonaer Museum. Viele, insbesondere Segeberger Bilder, befinden sich im Privatbesitz. Das Segeberger Heimatmuseum hütet von ihm eine Darstellung der 1. Compagnie des 3. Schleswig-Holsteinischen Jägerbataillons vor dem Friedhof auf der Kirchstraße. In diesem Korps war Delfs später selbst Leutnant. Nach seiner künstlerischen Ausbildung, die ihn bis nach Paris führte, ließ Delfs sich in Hamburg nieder, wo er am 28. Dezember 1906 verstarb. Fast sechsunddreißig Jahre lebte er in der Hansestadt im Stadtteil St. Georg in der Brunnenstraße (später Rostocker Straße) Nr. 26. Von hieraus nahm er die Studien der heimatlichen Landschaft wieder auf und arbeitete u. a. an Tierszenen aus dem Segeberger Raum (Kühe an der Trave).

Sein Schwager Joachim Mähl zeichnete sich durch eine Fülle von heimatbezogenen größeren und kleineren Erzählungen aus. Das holsteinische Landleben arbeitete er hierbei plastisch heraus. Klaus Groth war sein großes Vorbild. Dieser und Fritz Reuter haben Mähl ihre Anerkennung nicht versagt.

Mähl lebte in den letzten zwanzig Jahren seines Ruhestandes in Segeberg, Schillerstraße 8. Er bewohnte die obere Etage der heute noch bestehenden reizvollen altertümlichen Villa. Sein Sohn Harald, Rektor der Segeberger Mädchenschule, wohnte in der unteren Etage. Heute lebt dort seine Enkelin, die sehr agile und rüstige Musiklehrerin Frau Käthe Mähl, die das geistige Vermächtnis ihres Großvaters pflegt.[179]) Sein Grabmal befindet sich auf dem Segeberger Friedhof.

Dr. Ernst Stolle

Paul Tubbecke, Christian Rohlfs

Aus dem direkten Umfeld Bürgermeister Esmarchs ist sein Schwiegersohn Ernst Stolle zu nennen.
Esmarchs Tochter Helene heiratete den verwitweten Segeberger Sanitätsrat Dr. Ernst Stolle, der sich in der Kieler Straße — heute Kurhausstraße Nr. 40 — das heute leider stilistisch bis zur Unkenntlichkeit veränderte, hochgetreppte, einst reizvolle klassizistische Wohn- und Praxishaus bauen ließ. Nur die Anordnung der Innen-

H. Nickelsen, Segeberg

räume läßt noch ein wenig an den bekannten Arzt gemahnen, der im Alter recht launisch gewesen sein soll und um den sich deshalb manche Anekdote rankt. Stolle war der Enkel des zu seiner Zeit landesweit bekannten Pastors Friedrich Christian Ernst Oertling aus Bornhöved. Sein Halbbruder war der Maler des Lübecker Biedermeiers, Christian Peter Wilhelm Stolle, seine Neffen die Lübecker Maler Hermann Linde und Linde-Walter sowie deren Bruder Dr. Max Linde. Der Lübecker Augenarzt Max Linde gilt als der Kunstmäzen des norwegischen Malers Edvard Munch. Zuvor hatte er den mit Munch befreundeten, weltweit bekannten Künstler Christian Rohlfs gefördert. Auf Rohlfs wurde Max Linde durch seinen Onkel Ernst Stolle aufmerksam, bei dem er in Segeberg auch ein medizinisches Praktikum absolvierte.[180])

Christian Rohlfs, ein Kleinbauernsohn aus Niendorf bei Leezen im Kreise Segeberg, fiel 1864 mit fünfzehn Jahren vom Baum und erlitt eine erhebliche Knieverletzung. Nach langer unsachgemäßer Pflege wurde er Dr. Stolle, der als Stadt- und Landarzt im Raum Segeberg praktizierte, vorgestellt. Stolle erkannte bei dem für mehrere Jahre bettlägerigen Jungen, wohl geschult durch die künstlerische Entwicklung seines Halbbruders, das Maltalent. Er finanzierte teilweise seinen Schulaufenthalt in Segeberg auf dem sogenannten „Institut" sowie privaten Malunterricht bei dem Segeberger Maler H. Nickelsen.[181])

Später unterstützte ihn Stolle in Form eines anonymen Stipendiums, nachdem er ihn über einen Freund Theodor Storms, den Berliner Schriftsteller und Maler Ludwig Pietsch, nach Weimar an die dortige Kunstschule vermitteln konnte.

So kann man den Schwiegersohn Bürgermeister Esmarchs, den Segeberger Arzt Dr. Stolle, und später dessen Neffen Dr. Max Linde als die ersten Christian Rohlfs-Entdecker und Förderer bezeichnen.

Eine weitere Persönlichkeit aus dem Umkreis der Familien Esmarch — Storm ist der Pianist, Komponist und Dirigent der Leipziger Gewandhauskonzerte C a r l R e i n e c k e. Carl Reinecke wurde 1824 zu Altona geboren und verstarb 1910 zu Leipzig. Sein Vater Johann Peter Rudolf war lange Zeit in Segeberg als Musiklehrer tätig. Zwischen Storm und Reinecke entspann sich im Laufe der Zeit ein intensiver Briefwechsel und ein enges persönliches Freundschaftsverhältnis, das auch zu Besuchen Reineckes in Husum bei Storm führte.[182]) Beide hat vor allem die Liebe zur Musik, insbesondere Mozart, und die Liebe zur Heimat, insbesondere Segeberg, verbunden.

Christoph von Tiedemann

Eine politisch interessante Persönlichkeit, die einige Zeit berufsbedingt in Segeberg weilte, ist Christoph Tiedemann, später von Tiedemann. Er war der Sohn des bekannten Kämpfers für die Unabhängigkeit Schleswig-Holsteins, des Landinspektors Heinrich Tiedemann, Eigentümer des Gutes Johannisberg im Meggerkoog zwischen Rendsburg und Friedrichstadt.

Hier wurde sein Sohn Christoph am 24. September 1836 geboren. Dieser studierte später Rechtswissenschaft. Infolge des politischen Engagements seines Vaters, das ihn bei den Dänen unbeliebt gemacht hatte, war es Tiedemann nicht möglich, in den Herzogtümern in den Landesdienst zu treten. Seine Berufsausbildung zum Advokaten absolvierte er jedoch in Holstein. In seinen Lebenserinnerungen[183]) beschreibt er anschaulich das damals geruhsame Segeberger Leben.

Tiedemann wurde im Jahre 1861 für ein dreiviertel Jahr Volontär auf dem Segeberger Amthaus und traf hier öfters mit Theodor Storm sowie auch dessen Schwiegervater Esmarch zusammen. Zwischen den beiden Juristen Storm und Tiedemann muß sich ein herzliches Ver-

Adolf Burmester, Das Amthaus zu Segeberg

Adolf Burmester, Segeberg

hältnis entwickelt haben, denn Tiedemanns Tochter Elise war später oft Gast im Hause Storm in Husum in der Wasserreihe.
1864 wurde Tiedemann Landvogt in Süderstapel. Sein Lebensweg führte ihn später über den Landratsposten im Kreise Mettmann in der Rheinprovinz in das Abgeordnetenhaus nach Berlin. Ab 1875 wurde er zuerst persönlicher Adjudant Bismarcks, später Chef der Reichskanzlei. 1880 wurde er Preußischer Bevollmächtigter zum Bundesrat und stand auf dem Höhepunkt seiner beruflichen Karriere.[184]) In Bismarcks „Gedanken und Erinnerungen" wird Christoph von Tiedemann mehrfach erwähnt. Als er sich 1881 von seinem letzten hohen Posten aus gesundheitlichen und familiären Gründen zurückzog, erklärte Bismarck ihm:
„Wir hatten uns doch recht in einander eingelebt, es wird mir schwer werden, Ihr Gesicht zu vermissen."[185])
Eines weiteren in Segeberg lebenden Einwohners sei zu gedenken, des bereits zitierten Christian Kuß. Mit seiner Arbeit „Die Stadt Segeberg in der Vorzeit" veröffentlichte er 1847 eine der ersten lokalen Chroniken und sammelte hierbei eine Fülle von Literaturhinweisen und Detailkenntnissen. Christian Kuß wurde am 30. Oktober 1769 in Sonderburg geboren. Er studierte in Kiel Theologie. Nach einer Tätigkeit als Privatlehrer in Glücksburg,

und Katechet in Reinbek (ab 1800), war er anschließend Diaconus in Kellinghusen (ab 1809). Er lebte dort bis zu seiner Emeritierung 1839. Nach einem Aufenthalt in Glücksburg zog er in den vierziger Jahren des 19. Jahrhunderts nach Segeberg in die Kieler Straße, heute Kurhausstraße. Hier wurde er von seiner Tochter Johanna bis zu seinem Tode am 18. Dezember 1853 betreut.

Kuß hat eine große Anzahl von landeskundlichen Arbeiten veröffentlicht. Dafür wurde ihm 1833 der Ehrendoktor der philosophischen Fakultät der Universität Kiel verliehen.[186])

Johanna Kuß wurde bekannt durch ihr Buch „Die holsteinische Küche oder Anleitung zur Führung des Hausstandes in einer Anzahl auf Erfahrung begründeter bewährter Anweisungen". Die erste Auflage erschien 1856 in Altona. Es ist anzunehmen, daß Johanna Kuß nach dem Tode ihres Vaters dorthin verzog, denn sie schrieb auch ein Kochbuch „Die hamburgische Küche", das 1869 bereits in der 6. Auflage erschien. Die am 27. April 1813 in Kellinghusen geborene Johanna Kuß ist eine der führenden holsteinischen Kochbuchautorinnen. Die „Holsteinische Küche" erschien in unzähligen Auflagen und erreichte noch in diesem Jahrhundert die sechsundzwanzigste. Ihre Rezepte, die sie mit Sicherheit aus dem Kellinghusener und Segeberger Raum zusammenstellte, sind bodenständig und resultieren auf soliden einheimischen Zutaten. Im Gegensatz zu anderen Rezepten aus den vorigen Jahrhunderten zeichnen sie sich durch einen noch heute geltenden Wohlgeschmack aus und sind darüber hinaus nicht so kalorienreich und deftig, so daß man auch noch heute mit Erfolg nach ihnen kochen und backen kann.

Es ist nicht bekannt, wo Johanna Kuß ihren Lebensabend verbracht hat. Möglicherweise zog sie zu einem ihrer Geschwister. Ein Bruder von ihr war wahrscheinlich zeitweise Lehrer in Segeberg.[187]) Vielleicht ist sie mit ihm verzogen und hat ihm, wie zuvor dem Vater, den Haushalt geführt.

Eine weitere prägnante Segeberger Persönlichkeit war der Segeberger Amtmann von Rosen, der u. a. eine lokal-historische Abhandlung über den Segeberger Kalkberg schrieb.[188]) Seit 1818 wohnte Carl Wilhelm Ludwig von Rosen im Amthaus an der Hamburger Straße, im damaligen Gieschenhagen. Sein Vater Andreas Gottlieb (1748—1835) stammte von der Insel Rügen und war in Plön Hofjägermeister und Oberförster geworden. Dort wurde der Amtmann 1788 geboren. Seit 1818 war er mit Sophie Marie Decker (1799 — 1868), einer Oldesloer Bürgermeisterstochter, verheiratet.

Von Rosen war über vierzig Jahre Amtmann in Segeberg, sein Nachfolger war Graf Moltke. Er

Carl Wilhelm Ludwig von Rosen

war für das Amt Segeberg der Repräsentant des Königs in der Verwaltung, der Justiz und im Polizeiwesen. Als König Christian VIII. zur Grundsteinlegung des Lehrerseminars im Jahre 1840 kam, wohnte er mit seiner Gemahlin im Amthaus. Von Rosen war mit Bürgermeister Esmarch gut bekannt, soweit man dieses bei den damals herrschenden Standesunterschieden zwischen Bürgerlichen und Adeligen sein konnte. Er war der Pate von Constanze Esmarch, verheiratete Storm. Im Jahre der Schleswig-Holsteinischen Erhebung war von Rosen sechzig Jahre alt. Im Kriege standen sich zwei seiner Söhne auf deutscher und zwei auf dänischer Seite gegenüber. Als zwei von ihnen verwundet im selben Lager waren, sollen die unterschiedlichen politischen Auffassungen — hier gesamtstaatlich, dort schleswig-holsteinisch — zu einem großen Zerwürfnis geführt haben, das erst später im Segeberger Elternhaus beendet wurde.

Von Rosen starb im Sommer 1853 an der Cholera, seine Witwe überlebte ihn um fünfzehn Jahre.

Ein gebürtiger Gieschenhagener ist der Hooger Halligpastor Dr. Samuel Friedrich Koch. Er wurde am 22. Januar 1806 als Sohn des dortigen Apothekers in der Kirchstraße geboren und war früh verwaist. Anfangs studierte er Medizin, Jura und Philosophie, später wurde er Theologe. Mit dreiunddreißig Jahren wurde er für einige Zeit Halligpastor auf Hooge. Die Hooger hatten damals starke Alkoholprobleme, die Koch versuchte, energisch zu bekämpfen. Nach seiner Amtszeit auf Hooge wurde Koch Pastor in Leezen. Ebenso wie auf der Hallig, zeichnete er sich dort durch medizinische und juristische Kenntnisse, Mut und Entschlußkraft aus. Der Satz „Dat hett Pastor Koch seggt!" wurde auch hier ein geflügeltes Wort. Um ihn haben sich zahllose Anekdoten gerankt.[189])

Viel geschätzt in Segeberg war der Kompastor Carl Peter Franz Claudius, ein

Sohn des „Wandsbeker Boten". Er und seine Schwester Auguste, von den Seminaristen „Prophetin Hanna" genannt, lebten beide, wenn auch in getrennten Wohnungen, in Segeberg. Dem Pastor stand das alte und baufällige Kompastorat als Wohnung zur Verfügung, hier lebten auch zumeist zwei Seminaristen, die er mitverpflegte. Der Heimatdichter Joachim Mähl hat reizende Geschichten über Claudius erzählt, der mit zunehmendem Alter sich immer mehr zum Sonderling entwickelte. Sein Kopf ist auf einer Bankwange des Kirchengestühls von einem geschickten Holzschnitzer dargestellt worden, als in seinen letzten Lebensjahren die Kirche ein neues Gestühl bekam. Claudius verstarb am 28. November 1866, sein Grabmal befindet sich vor der Südfront der Segeberger Marienkirche.[190])

Schleswig-Holsteins Erhebung

Schleswig-Holstein war gegen Ende des Jahres 1813 durch den Einmarsch der schwedisch-preußischen Truppen von 57.000 Mann zum Kriegsschauplatz geworden. In unmittelbarer Nähe von Segeberg vollzog sich bei Bornhöved am 7. Dezember 1813 in diesem Zusammenhang ein hitziges Nachhutgefecht, in dem sich die dänisch-schleswig-holsteinischen Truppen gegen Bernadottes Einfall wehrten. Der Kieler Frieden beendete am 14. Januar 1814 die feindlichen Auseinandersetzungen mit der Folge, daß Dänemark auf Norwegen verzichten mußte und im Tausch das Herzogtum Lauenburg erhielt. Doch die Bevölkerung konnte noch nicht aufatmen. Die fremden Truppen zogen erst nach dem endgültigen Friedensschluß mit Preußen und Rußland ab, der am 8. Februar 1815 erfolgte.

Diese Kriegs- und Besetzungsjahre waren nicht geeignet, eine positivere Einstellung zu Dänemark in den Herzogtümern zu mehren. Seit 1815 gehörte Holstein dem Deutschen Bund an und hatte daher Anspruch auf eine landständische Verfassung. Schleswig sollte hingegen, nach dem Willen des dänischen Königs Friedrichs VI. fester an das Königsreich gebunden werden. Als der König am 3. Dezember 1839 starb, wurde sein geistreicher, aber allgemein als schwach und unberechenbar geltender Vetter[191]), Christian VIII. (1839 – 1848) Nachfolger. Unter ihm entzündete sich an der Erbrechtsfrage der offene Konflikt. Am 8. Juli 1846 vollzog Christian VIII. den „politisch unglücklichsten Schritt, den er tun konnte"[192]) und erließ den „Offenen Brief", durch den die Feststellung der weiblichen Erbfolge für den Gesamtstaat verkündet wurde. Es war offensichtlich, daß sein Sohn und Nachfolger, der spätere König Friedrich VII. (1848 — 1863), keine direkten Nachkommen haben würde. Nach den dänischen Königsgesetzen war die weibliche Erbfolge möglich, in den Herzogtümern galt von alters her die männliche Erbfolge. Doch nun sollte in dem dänisch-schleswig-holsteinisch-lauenburgischen Gesamtstaat allgemein die dänische Erbfolge gelten. Der „Offene Brief" rief einen Sturm der Entrüstung, nicht nur in den Herzogtümern, sondern auch in Deutschland hervor. Die schleswig-holsteinische Frage wurde als ein gesamtdeutsches Nationalproblem angesehen. Schleswig und Holstein wurden für viele Jahre „das Schoßkind der öffentlichen Meinung in Deutschland"[193]).

Bevor Christian VIII. jedoch einlenken konnte, verstarb er am 20. Januar 1848. König Friedrich VII. stand nunmehr dem politischen Problem gegenüber, daß sich in den Herzogtümern die Idee eines selbständigen Staates und das Bewußtsein von der Notwendigkeit einer politischen Gemeinschaft mit dem deutschen, nicht aber mehr mit dem dänischen Volk gefestigt hatte. Am 28. Januar 1848 wurde eine für alle Teile des dänischen Reiches geltende stark liberale Gesamtverfassung verkündet.

Die Auswirkungen der französischen Revolution vom 24. Februar 1848 verstärkten jedoch in den Herzogtümern weiterhin die nationalen Gegensätze.

Hierbei war der Segeberger Advokat Koch ein Vorkämpfer dieser Synthese von schleswig-holsteinischen Vaterlands- und deutschen Nationalgedanken.[194])

Am 24. März 1848 wurde eine provisorische Regierung in Kiel errichtet mit Sitz in Rendsburg. Auch Bürgermeister Esmarch erkannte diese Regierung an. Er ließ sich später wie Koch und Professor Dr. Asmussen in die schleswig-holsteinisches Landesversammlung wählen.

Bald wurde der Ruf nach den Waffen laut. Nach der ersten Niederlage im Gefecht bei Bau (Bov) in Nordschleswig und dem dänischen Sieg dort am 9. April 1848 machte der preußische König Wilhelm IV., auf Betreiben des Herzogs Christian August von Augustenburg, sein Versprechen wahr, die Selbständigkeit der Herzogtümer, ihre enge Verbindung zueinander und das Recht der männlichen Erbfolge zu schützen. 12.000 Mann unter dem preußischen Oberst von Bonin kamen zusammen mit einer Division des 10. Bundeskorps den 9.000 Schleswig-Holsteinern zu Hilfe. Da sich die Großmächte für die Erhaltung der dänischen Gesamtmonarchie aussprachen, kam es am 26. August 1848 auf sieben Monate zwischen Dänemark und Preußen zum Malmöer Waffenstillstand, den Dänemark im Februar 1849 aufkündigte. Nunmehr waren die schleswig-holsteinischen Streitkräfte auf 20.000 Mann angewachsen, hinzu kam ein

40.000 Mann starkes Bundesheer. Nach anfänglichen Erfolgen scheiterten die Schleswig-Holsteiner vor Fredericia. Da Preußen wegen seiner Schleswig-Holstein-Politik Verwicklungen mit Rußland und Österreich zu befürchten hatte, kam es im Juli 1850 zwischen Preußen und Dänemark zum Berliner Frieden. Gleichzeitig anerkannten die außerdeutschen Großmächte im Ersten Londoner Protokoll die Integrität des dänischen Gesamtstaates. So war Schleswig-Holstein plötzlich auf sich allein gestellt. Am 25. Juli 1850 erfolgte die verhängnisvolle Schlacht bei Idstedt, in der unzählige Söhne des Landes ihr Leben lassen mußten. Durch die Punktation von Ölmütz vom 29. November 1850 wurde Preußen durch Österreich genötigt, auf seine Pläne zur Einigung Deutschlands zu verzichten. Das war das Ende der Schleswig-Holsteinischen Erhebung.

Es folgte eine Bundesexekution in Schleswig-Holstein, an der auch Preußen teilnahm. Eine preußisch-österreichische Exekutionsarmee hielt das Land bis Februar 1852 besetzt. Durch das zweite Londoner Protokoll vom Mai 1852 wurde in den Herzogtümern dieselbe Erbfolge wie in Dänemark festgesetzt. Aus Gründen des europäischen Gleichgewichts wurde der Fortbestand des dänischen Gesamtstaates für notwendig gehalten.[195])

So waren seit dem 1. Februar 1852 beide Herzogtümer wieder in dänischem Besitz. Die Dänen gingen nun mit staatlicher Gewalt gegen „aufrührerische“ Schleswig-Holsteiner vor. Offiziere, Beamte, Lehrer, Geistliche und Advokaten wurden entlassen. Auch Bürgermeister Esmarch verlor seinen Posten und mußte die geräumige Dienstwohnung im Segeberger Rathaus verlassen. Er zog in die Kieler Straße in das dem Architekten Prüss gehörige Haus Nr. 18, neben die Bäckerei Feddern, jetzt Kurhausstraße Nr. 22. Beide Häuser bestehen noch.

Die Augustenburgische Bewegung

Nach der Schleswig-Holsteinischen Erhebung blieben die wirtschaftlichen Verhältnisse im Lande ungünstig, da man die eigenen Kriegskosten und einen großen Teil der dänischen zu tragen hatte.[196]) Am 13. November 1863 wurde ein für Dänemark und Schleswig gemeinsam geltendes neues Staatsgrundgesetz, die „Novemberverfassung" beschlossen. Damit war das letzte schwache Band zwischen beiden Herzogtümern beseitigt.[197]) Zwei Tage später starb König Friedrich VII. auf Schloß Glücksburg. Sein Nachfolger wurde der Prinz Christian von Schleswig-Holstein-Glücksburg, der Gemahl

der Nichte Christians VIII. — als Christian IX. (1863 — 1906). Nur widerstrebend unterzeichnete der König die „Novemberverfassung". Denn sie bedeutete einen Bruch der Londoner Abmachung von 1853 und die Vereinigung Schleswigs mit Dänemark.
Der Erbprinz von Schleswig-Holstein-Sonderburg-Augustenburg machte nunmehr Erbschaftsansprüche geltend. Er wollte kraft der alten Erbfolgeordnung des oldenburgischen Hauses die Regierung in den Herzogtümern übernehmen.
Christoph von Tiedemann erklärte sich bereit, in Segeberg und andernorts für die Verbreitung des entsprechenden politischen Gedankengutes zu sorgen.

Um eine erneute drohende kriegerische Auseinandersetzung zu verhindern, wurde nunmehr eine zweite Bundesexekution am 23. Dezember 1863 vollstreckt. Sachsen und Hannoveraner Truppen des deutschen Bundes wurden von der Segeberger Bevölkerung stürmisch begrüßt.
Der sächsische Leutnant Arthur Fränzel erlebte die Bundesexekution und berichtet von seinem Marsch nach Bad Segeberg:[198])
„Gegen $1/2$ 2 glänzender Empfang in Sägeberg. Schon aus meilenweiter Ferne konnten wir die großen Fahnen auf dem dicht bei der Stadt gelegenen Kalkberge erkennen. Berittene Bürger holten uns ein, Turner mit ihren Fahnen waren aufgestellt, Sträuße wurden geworfen, die von mir beschützte Fahne erhielt Kränze. Da sich

Friedrich Gottlieb Müller, Segeberg von Bellevue aus gesehen

unser Militär aller politischen Äußerungen laut Befehl enthielt, so marschirten wir, wie überall ganz theilnahmslos (bei dem heftigsten Schneegestöber) durch die ganze hübsche, vielversprechende Stadt."

Segeberg als preußische Kleinstadt

Im Dezember 1863 hatten die dänischen Heeresverbände bereits Holstein geräumt. Am 2. Februar 1864 überschritten die verbündeten Truppen — 35 000 Preußen und 21 000 Österreicher — die Anfang Januar in Holstein und Lauenburg eingerückt waren, „ohne formelle Kriegserklärung und ohne daß sie unter sich verbindliche Vereinbarungen über das künftige Schicksal der Herzogtümer herbeigeführt hatten, die Eider."[199])

Im Frieden zu Wien verzichtete Christian IX. am 30. Oktober 1864 auf seine Rechte an den Herzogtümern zugunsten Preußens und Österreichs. Im Sommer 1866 verzichtete Österreich zugunsten Preußens auf seine Rechte, die Herzogtümer betreffend.

Am 12. Januar 1887 wurden die Herzogtümer preußische Provinz. Damit war die über vierhundert Jahre alte staatliche Sonderstellung Schleswig und Holsteins beendet.

In der Bevölkerung mußte sich zwangsweise im Großen wie im Kleinen ein Bewußtseinswandel vollziehen. Es herrschte nun „eine andere Luft". Strenge Zucht, pedantische Ordnung, eine gestraffte Verwaltung, cin diszipliniertes Beamten-

Friedrich Gottlieb Müller, Segeberg vom Kalkberg aus gesehen

Segeberg, Hamburger Straße stadteinwärts

tum und dessen militärische Ausrichtung liefen den politischen und kulturellen Überlieferungen Schleswig-Holsteins zuwider. Am 26. Juni 1867 erfolgte die Trennung von Justiz und Verwaltung. Sechsundvierzig Amtsgerichte und die entsprechenden Obergerichte wurden eingerichtet. Auch Segeberg erhielt ein Amtsgericht. Das typisch preußische Amtsgebäude wurde von 1897—99 in der Hamburger Straße erbaut. Auch die Rechtsordnung änderte sich. Am 1. Ja-

nuar 1900 trat landesweit das Bürgerliche Gesetzbuch in Kraft und verdrängte die landesrechtlichen Bestimmungen und lokalen Gewohnheitsrechte, die teilweise eine jahrhundertealte Tradition hatten.
Am 1. Oktober 1867 kamen die einschlägigen Bestimmungen der preußischen Verfassung vom 31. Januar 1850 in der neuen preußischen Provinz zur Anwendung.
Das kommunale Leben in Segeberg konnte sich, wie auch andernorts, unter den tiefgreifenden Neuerungen erst allmählich entfalten. Durch die liberale Städteordnung wurde den schleswig-holsteinischen Orten viel von ihrem Eigenleben belassen. Mit der Neuregelung der Direktwahl des Magistrats war sie damit eine der modernsten Städteordnungen in Preußen.[200]) Auch die Schaffung des neuen Kreises Segeberg, dessen Kreisstadt unser Ort 1867 wurde, folgte behutsam entsprechend den alten Amtsgrenzen. Erster preußischer Landrat mit Sitz im alten Amthaus war seit 1868 Cai Lorenz Freiherr von Brockdorff, der 1848 Amtmann in Neumünter gewesen war. Er verstarb am 25. Mai 1870 im Segeberger Amthaus an Tuberkulose.
In den siebziger Jahren begann durch die Industrielle Revolution ein wirtschaftlicher Aufschwung, der zu neuen positiven Einrichtungen in Segeberg führte. Ein wesentlicher Faktor für das Wohlergehen der Bevölkerung stellte ein städtisches Krankenhaus dar. Noch 1871, als eine Scharlach- und Blatternepidemie in der Stadt grassierte, war Segeberg ohne dieses.[201])
Erst in den siebziger Jahren wurde, nach jahrelangen Sammlungen und Aufrufen zu Spenden mit dem Bau begonnen. Am 21. Juni 1875 fand die feierliche Eröffnung des Haupthauses statt.
Das Lehrerseminar hatte auch in der preußischen Zeit Bestand. Erst anläßlich der Reorganisation der preußischen Lehrerausbildung wurde es 1923 aufgelöst. Während des Ersten Weltkrieges wurde das Seminar-Hauptgebäude 1915 durch Brand völlig zerstört. Ein Neubau entstand 1917 unter Hinzufügung eines dritten Stockwerkes im Mittelbau. Dadurch ging leider die architektonische Harmonie des Ursprungsbaues verloren. Nach Einführung der Weimarer Verfassung wurde das Präparandeum zu Segeberg geschlossen. Gleichzeitig wurde das Gebäude der bildungswilligen Jugend überlassen. Ab 1922 konnte man in Aufbauklassen bis zum Abitur aufsteigen. Als 1929, nach der Neuordnung des höheren Schulwesens, die nun entstandene Oberschule einen Namen erhalten sollte, entschied man sich für die Person von Professor Friedrich Christoph Dahlmann, einem der führenden Politiker um die Mitte des 19. Jahrhunderts, der zugleich 1848 der Abgeordnete Segebergs für die Nationalversammlung in der Frankfurter Paulskirche gewesen war.[202])

Segeberger Idyllen

Unabhängig von dem politischen Geschehen in Holstein versuchten die Segeberger, wie die meisten Bürger im Lande, ihr Privatleben zu führen. Aus den Memoiren der Segeberger Bäckermeisterstochter und Lehrersfrau Dorothea Heer, die sie 1945 schrieb und die mir ihre Familie freundlicherweise zur Einsicht zur Verfügung stellte, sind Schilderungen ihres Vaters aus dem Segeberg des vorigen Jahrhunderts zu entnehmen, die sie in ihren Lebenserinnerungen mitverwendet hat. Die Eltern der Autorin heirateten 1868 und zogen dann von Oldesloe nach Segeberg in die Kieler Straße, um dort die Bäckerei — heute Kurhausstraße Nr. 20 — zu pachten. Zu dieser Zeit war Segeberg noch eine sehr kleine Stadt. Die Autorin erzählt[203]):

„Es gab noch keine Eisenbahnverbindung von Oldesloe dahin. Fast drei Stunden fuhr man auf hügeliger Landstraße bergauf, bergab. Und man hatte viel Zeit zum Staunen von dem Augenblick an, wenn man, wie Doris zum ersten Mal, hatte den Kalkberg auftauchen sehen, bis man an seinem Fuß die holperige Oldesloer Straße hinunterratterte. Dann kam man über den Marktplatz und sah nur noch rechts gerade eben die Kirche liegen und schon gleich hinter dem ganz neuen Kompastorat wieder verschwinden, weil man zu lange nach der anderen Seite, dem berühmten Seminar, gesehen hatte. Nun noch eine kurze Strecke die Kirchstraße entlang, und man war an der Einfahrt zu Hildebrandts Gasthof. Man war ja auch schon an der Kieler Straße, der das Gasthaus, von einer Reihe beschnittener Linden beschattet, behäbig seine breite Front zuwandte, (Jetzt steht an seiner Stelle das Haus des Segeberger Vorschußvereins). Drüben auf der anderen Straßenseite wartete die lange Fensterreihe von Stadt Hamburg (auch Hildebrandt gehörig), neugierig auf die in die Kieler Straße einbiegenden Fremden. Doch wir lassen sie links liegen, ebenso eine Reihe Geschäftshäuser zu beiden Seiten, eine große Scheune und Hotel „Stadt Kiel". Am Schweinemarkt kann uns die zum großen See hinabführende Straße auch nicht locken. Nahe vor uns schon, geradeaus, beginnt die schöne alte Lindenallee, zu der sich die Straße hier verbreitert. Dort links bei den ersten Linden springt die neue Bauflucht der Straße weit zurück, so daß man das erste Haus erst sehen kann, wenn man gerade davorsteht, und das ist es. Wir sind da!"

Das gesellschaftliche Leben kam im Segeberg des vorigen Jahrhunderts nicht zu kurz: Man feierte häufig und gerne in Familien und bei Freunden.

Auch außerhalb der vier Wände bot Segeberg reichlich Unterhaltung. Kutschfahrten mit dem Fuhrunternehmer Kohfahl, wechselten sich ab mit Bällen in der Stadt oder Tanzvergnügungen auf den nahen Dörfern. Chorkonzerte, Maskeraden, Militärkonzerte, Manöverbälle, Réunions im neuen Kurhaus, der Kaiser-Geburtstags-Ball, Weihnachtsbälle, Veranstaltungen des Radfahrvereins, Schützenfeste in Niendorf, Scheibenschießen des Jägervereins, Umzüge durch die Stadt, Vogelschießen, abendliche Illuminationen am See, Karpfen- und Gänsebratenessen, Feste des Kegel-, Skat- und Sparclubs, Theaterstücke und Symphoniekonzerte boten für Jeden etwas.

Einer der Höhepunkte, insbesondere für junge Damen, war der Ball des Lehrervereins, ein wahrer „Heiratsmarkt", wo bekanntlich viele Schulmeisterehen ihren Anfang fanden.

So vermeint man heute, mit dem Bedürfnis nach

Kurhaus-Terrasse

abendlicher Ruhe, das nur durch das Fernsehprogramm unterbrochen werden darf, ein wenig armselig in puncto Unterhaltung zu sein, wenn man die Fülle der Festlichkeiten im alten Segeberg betrachtet.

Hatte man bereits zu Anfang des Jahrhunderts unter dem Berginspektor Magnus nach Steinsalz gebohrt, wiederholte man dieses 1868 auf dem Kalkberggelände und dem Seeufer von Stipsdorf bis zum Kagelsberg. Man stellte ein Lager von 139 Metern Mächtigkeit fest. Der Staat beschloß den bergmännischen Abbau. Bergleute wurden nach Segeberg gerufen. Dorothea Heer erinnert sich:

„...Die Ankunft der für den Schachtbau am Salzwerk benötigten Bergleute, Anfang Mai, ließ einen weiteren Aufschwung des Geschäftes erwarten. Alle Geschäfte Segebergs rechneten mit einem solchen, ein wahrer Zukunftstaumel hatte die ganze Gemeinde erfaßt.[204])

Solbad Segeberg, Badeanstalt

Als jedoch zwei Schächte unwiederbringlich abgesoffen waren, gab man 1877 die Anlage auf. Noch in diesem Jahrhundert verunzierten die Reste des riesigen Dampfpumpenwerks das Kalkbergterrain. Die Schächte wurden vermauert, die Bergleute zogen fort.
Der mißglückte Salzabbau hatte übrigens sein Gutes! Im Hinblick auf den zu erwartenen Salztransport von jährlich 150 000 t hatte man vorschnell den Bau einer Eisenbahn bewilligt, die von Oldesloe über Segeberg nach Neumünster führte und 1875 fertiggestellt war. [205]) So eröffneten sich den Segebergern jetzt ungeahnte Reisemöglichkeiten. War man doch bis dahin nur

Adolf Burmester, Stipsdorf

mit dem eigenen Fuhrwerk, einer Postkutsche oder dem preisgünstigen, dafür aber auch recht unbequemen Wochenwagen an die seit 1845 durch Neumünster führende Bahnlinie herangefahren.

Der Kalkberg in der Neuzeit

Bis 1884 lag der Kalkberg kahl und unansehnlich über der Stadt. Der englische Reisende James Edward Marston erklärte bereits 1833[206]): „Wenn man den Berg besteigt, hat das Ganze das Ansehen eines Stoffes, der aller Form und Nutzbarkeit unfähig, von der Natur. . . stiefmütterlich behandelt, und in seinem Urzustande gelassen . . .“

Man beschloß, den Kalkberg zu begrünen. Eigentümer des Berges war damals der Bergfiskus, vertreten durch die königliche Berginspektion in Lüneburg.

1901 pachtete die Stadt Segeberg von der königlichen Berginspektion den Berg, um seine Sanierung besser zu koordinieren. Längst war der, wenn auch langsam begrünte und beblühte Berg, ein beliebtes Ausflugsziel geworden. Oberhalb des Gipfels erbaute man das vielbesuchte Ausflugslokal „Bergschlößchen“, ein reich ornamentiertes Holzhaus, das norwegische Stilelemente zeigen sollte.[207]) In diese Zeit platzte wie eine Bombe die Entdeckung der Kalkberghöhlen im März 1913 durch spielende Kinder. Das öffentliche Interesse am Kalkberg, sowohl das wissenschaftliche, wie das touristische, stieg. Nach dem ersten Weltkrieg erwarb die Stadt den Berg 1921 für 50 000 Mark. Dies war vor allem ein Werk des damaligen Beigeordneten Stadtrats Christian Wulff.

Gipsabbau am Kalkberg

1932 ging auch das Gipsbergwerk in städtischen Besitz über. Man beabsichtigte, diesen Betrieb gänzlich einzustellen, was erst in den dreißiger Jahren dieses Jahrhunderts — allerdings recht unglücklich in der Weltwirtschaftskrise — erfolgte.
Nunmehr machte man sich Gedanken über die Nutzung des gewaltigen halbrunden ehemaligen Steinbruchs. In dem brachliegenden Gelände plante man eine offizielle Nordmark-Feierstätte. 1937 konnte das hierfür bestimmte Freilichttheater eingeweiht werden. Die Anlage wurde nicht vollendet. Der zweite Weltkrieg brach herein. Bis Anfang der fünfziger Jahre nutzte man den unbefestigten Teil des heutigen Parkplatzes, auf dem sich ein kraterförmiger

Friedrich Mißfeldt, Segeberg

Erdeinbruch befand, als städtische Müllgrube.[208]) Ein weiterer Teil des jetzigen Parkplatzes diente der Bevölkerung als Gartenland. Dann kam man durch einen Zufall darauf, die Arena für die Karl-May-Spiele zu nutzen.
Karl May wurde am 25. Februar 1842 in Hohenstein-Ernstthal geboren. Dort befindet sich sein Wohnhaus und ein Karl-May-Museum. 1939 wurden auf der Felsenbühne in Rathen in der Sächsischen Schweiz, die zu den schönsten deutschen Naturtheatern gehört, Karl-May-Festspiele aufgeführt.[209]) An diese Tradition hat man mittlerweile wieder in der DDR angeknüpft.
1950 regte der 1974 verstorbene Oberspielleiter Robert Ludwig bei den Segeberger Stadtvätern erstmals die Einrichtung von Winnetou-Fest-

Otto Speckter, Kalkberg und Kirche

spielen an. Er hatte gerade eine bearbeitete Bühnenfassung des „Winnetou" in Lübeck in einem geschlossenen Theater inszeniert und guten Erfolg gehabt. Die Erstaufführung fand am 16. August 1952 statt. Seitdem ist die Resonanz der Spiele Jahr für Jahr beachtlich. Viele Sommerreisende verbinden den Besuch der Festspiele mit einem Gang durch das eindrucksvolle Höhlenwerk und mit einer Besteigung des Berggipfels.

Die Marienkirche im 20. Jahrhundert

Zwar werden auch nicht-protestantische Glaubensrichtungen in Segeberg durch ein Gotteshaus repräsentiert — oder wurden es in der Vergangenheit, doch stellt St. Marien seit der Reformation das bedeutsamste evangelische Zentrum Segebergs dar. Die Kirche und ihre Gemeinde unterlag jedoch in den Jahrhunderten nicht nur einem wesentlichen Strukturwandel von der katholischen Stiftskirche zur protestantischen Pfarrkirche. Sie unterlag auch daneben nicht nur einem organisatorischen Wandel vom einstigen Zentrum einer alten holsteinischen Propstei zum Mittelpunkt eines heutigen nordelbischen Kirchenkreises — wobei sich die kommunalen Grenzen im Wandel der Zeiten nicht mit den kirchlichen deckten. Die Kirche änderte auch ihr äußeres architektonisches Bild und ihre innenarchitektonische Aussage.

Ursprünglich war die Kirche als dreischiffige Basilika mit Querschiff im Süden und Norden und einem Chorraum im Osten angelegt, der jeweils mit einer halbrunden Apsis abschloß.

1470 erfolgte dann der bereits erwähnte einzige bekannte Neubau an der Klosterkirche in der spätmittelalterlichen Zeit, als man den sogenannten Mönchschor schuf. Dieser gotische Chor wurde zwischen 1655 und 1657 als überflüssig abgebrochen, da 1564 die Auflösung des Klosters bereits vollzogen war. Dabei wurde der heutige Chor durch eine Steinwand aus dem Abbruchmaterial abgeschlossen.[210]) Im 15. Jahrhundert wurde wahrscheinlich die heutige Johanneskapelle im Winkel zwischen Chorquadrum und Nordquerhaus eingebaut, sowie das dreiseitige Klostergebäude angefügt. 1762 wurde durch den Baumeister G. E. Rosenberg das baufällige Südquerhaus abgebrochen und die Kirche unter dem schon beschriebenen voluminösen Dach zusammengefaßt. Zuvor hatte die Kirche bereits im Mittelalter ihr nördliches Querhaus verloren. Als 1863/66 unter dem holsteinischen Landbaumeister H. G. Krüger eine umfangreiche Instandsetzung erfolgte, versuchte er, den romanischen Gesamteindruck der Kirche wiederherzustellen, wenn nicht noch zu vertiefen und die Kirche wieder in ihrer ursprünglichen Konzeption als eine der frühesten Backsteinbauten in Holstein zu rekonstruieren. Hierbei beschränkte er sich aus Kostengründen nur auf das Äußere des Bauwerkes.

Unter Krüger erstellte man ein neues südliches Querschiff auf dem alten Fundament und eines im Norden. Die Kirche erhielt wieder ihren alten kreuzförmigen Grundriß. Die neuen gewölbten Querschiffe wurden mit Emporeneinbauten versehen. Vor allem wurde das Riesendach zugunsten der unterschiedlichen Dächer auf dem Haupthaus und den zwei Seitenschiffen beseitigt. Darüber hinaus wurde die Kirche von außen völlig neu vermauert.

Bis zum zweiten Weltkrieg erfolgte kein Stillstand der Renovierungs- und Restaurierungsarbeiten. 1873 wurde das Dach durch Sturm beschädigt und mußte wieder gerichtet werden. 1881 — 83 und 1888 erhielt die Kirche mehrere neue Gewölbe. Ursprünglich ist nur noch die in Gips gegossene Vierung. 1909 waren Arbeiten am Fundament erforderlich.

Nach dem zweiten Weltkrieg stellte man gravierende Schäden fest, die um den Bestand des Gemäuers fürchten ließen. 1957 — 59 erfolgte da-

her eine aufwendige Sanierung, bei der auch der Fußboden, der im letzten Jahrhundert absichtlich aufgeschüttet worden war, wieder abgesenkt wurde. 1968 wurde die Johanneskapelle neu hergerichtet.

Im Innern der Kirche sind die wertvollsten Relikte des Mittelalters die 1447 durch den Bremer Ghert Klinghe gefertigte Taufe, das Kruzifix von 1500 und der spätgotische Schnitzaltar von 1515, der 1668, im Auftrag des Amtsschreibers Nicolas Brüggemann, farblich gefaßt wurde und noch in den ursprünglichen Farben fast vollständig erhalten ist.

Die Kirche dient heute Gottesdiensten und musikalischen Veranstaltungen. Möge sie in ihrer architektonischen Ästhetik und Ausgewogenheit weiterhin ein geistiges und geistliches Zentrum Segebergs und des Umlands bleiben!

Segeberg nach der Jahrhundertwende

Wie idyllisch weiterhin das Leben der Bürger in Segeberg bis zum ersten Weltkrieg verlief, schildert der vor einigen Jahren verstorbene betagte Lehrer Hugo Wulff in seinen beiden Arbeiten: „Sebarg — de Stadt vun'n Mittelstand"[211]):

Um 1910 hatte Segeberg ungefähr 5 000 Einwohner. Man war — wie Wulff meint — eine große Familie, jeder kannte jeden und jeder grüßte jeden. Pferde und Fuhrwerke beherrschten das Stadtbild, auch wenn seit der Jahrhundertwende die ersten Automobile auftauchten.[212]) An den Ausfallstraßen befanden sich mehrere Schmieden, um die Zug- und Reitpferde zu versorgen. Doch gab es auch schon ein Lokomobil, d. h. eine unmittelbar auf einem Dampfkessel aufgebaute Dampfmaschine auf einem fahrbaren Untergestell, das von einem Pferd gezogen wurde. Es sollte die Dreschmaschinen antreiben. Der „alte Rohlfs", der eine Maschinenwerkstatt und einen -verkauf betrieb, ging damit im Herbst über Land zu den Bauern.[213])

Auch eine Fülle von Tischlereien konnten zu Anfang des Jahrhunderts in Segeberg existieren. Zu erwähnen sei hierbei vor allem der Tischler Hinrich Kraft in der Hamburger Straße neben der „Harmonie", der 1893 seinen Betrieb gegründet hatte. Sein Sohn Arthur sollte die väterliche Firma nach dem zweiten Weltkrieg zu einem bekannten Großunternehmen ausbauen.[214])

Hugo Wulff erinnert sich noch an die Tage der ersten Segeberger Pferderennen auf der sogenannten „Rennkoppel", heute Landesturnierplatz. Am 24. September 1905 fand hier der erste Renntag statt und begründete damit in Segeberg eine lange Reitertradition.[215])

Tradition hatte auch der Pferdemarkt, der zweimal im Jahr abgehalten wurde und mit dem Mai- und Novembermarkt zusammenfiel. Sein Platz war vor dem renommierten Hotel „Harmonie", Hamburger Straße 64, in unmittelbarer Nähe der Rantzau-Kapelle. Pferdekauf war keine eilige Angelegenheit, die mußte gut überlegt sein! So wurden auf einem großen Platz die Pferde in den verschiedenen Gangarten vorgeführt. Mit dem Wort „Datt Peerd is dien!" und einem kräftigen Handschlag wurde der Kauf — bei voller Garantie — besiegelt.

Ein anderer volkstümlicher Markt war der Schweinemarkt, Kieler Straße/Große Seestraße. Hier wurden vor allem Ferkel verkauft. Dieser Markt fand jeden Mittwoch statt. Bei schlechtem Wetter spielte er sich in Scheunen und Stallungen ab. Es gab fast keinen Haushalt in Segeberg, in dem nicht mindestens ein Schwein durchgefüttert wurde. Der Schlachttag war ein

Obere Lübecker Straße

wahrer Festtag! Die Schweine stellten für die Bürger sozusagen die Sparkasse dar. Wurde das Tier an den Schlachter verkauft und nicht für den Eigenbedarf verwertet, wurde davon der Zinsdienst des Wohnhauses und notwendige Ausgaben bestritten.[216])

1911 wurde die Kiel-Segeberger Kleinbahn gebaut. 1912 wurde sie eingeweiht. Der Kleinbahnhof war festlich geschmückt worden. Der Bahnhofsvorsteher, nebst Gattin, erschien in der Festtagsuniform mit roter Mütze. Die Segeberer Stadtkapelle spielte, alle Herren — der Würde des Tages entsprechend — mit Zylinder. Auch die Honoratioren des Ortes waren erschienen. Und dann kam der erste Zug, mit Girlanden geschmückt, vorne an der Lok mit den gekreuzten Schleswig-Holstein-Fahnen versehen. Auf der Plattform standen die weiß gekleideten Ehrenjungfrauen mit blau-weiß-roten Schärpen, den Landesfarben. Diese „Bimmelbahn" erhielt alsbald wegen ihres Rauches und Funkenflugs, den Namen „Feuriger Elias".[217]) 1962 wurde die Bahn eingestellt. Neben der bereits seit 1875 betriebenen Eisenbahn Neumünster — Segeberg — Oldesloe erhielt die Stadt 1916 eine weitere Nahverkehrsverbindung, die Lübeck-Segeberg-Eisenbahn. Auch diese hatte bald ihren Namen: „Julius". Der Zug hatte keinen eigenen Bahnhof, durfte aber neben dem sogenannten Staatsbahnhof halten. So konnten die Segeberger mit dem „Dampfroß" in alle Richtungen, nach fern und nahe, sogar nach Ludwigslust und Hagenow-Land reisen.[218])

1924 erhielt Segeberg die Bezeichnung „Bad". Es war ein weiter Wege gewesen von den Anfängen des Heinrich Wickel, der am 1. Juli 1884 noch in seinem Hause Oldesloer Straße 12 Vollbäder in eleganten Kabinen anbot, bis er zum Bau des Kurhauses schritt und bis es teilweise zu einem recht mondänen Badeleben am Großen See kam! Doch der Niedergang begann eigentlich schon nach dem ersten Weltkrieg. Nach der Inflation 1923 wurde vergebens in einem immer größeren Maße in die Kuranstalt investiert. In der Wirtschaftskrise 1929 brach das Unternehmen zusammen. Wickel hatte sich schon längst aus dem Geschäftsleben zurückgezogen.

Auch der zweite Weltkrieg zeigte seine negativen Folgen. Der Gesamtkomplex wurde für die Kriegsmarine beschlagnahmt, später mit zwangsrekrutierten Arbeitern belegt. Nach dem Krieg waren die Gebäude ruiniert. Starke Beschädigungen führten im Jahre 1968 zum Abbruch.[219])

Hugo Wulff beklagt den Verlust sehr treffend: „Old Sebarg is nich mehr, dorto gehör ook dat ganze Kurhuusgelände."[220])

War der Gipsmühlenbetrieb bereits vor dem ersten Weltkrieg beendet worden, so wurde das Oberteil der Mühle, die lange Zeit die Stadt-

silhouette mitprägte, 1924 abgebrochen, der Unterbau mit dem Kalkmagazin 1939 nach Fertigstellung der Freilichtbühne.[221])
In den Jahren zwischen 1926 bis 1930 begann man mit den Anfängen des sozialen Wohnungsbaues. In der Lornsenstraße und Oldesloer Straße entstand eine Anzahl von Wohnhäusern für finanziell Schwache. Hierdurch trug man zur Behebung der damaligen Wohnungsnot bei .[222])
Als im April 1937 der Segeberger Vorort Klein-Niendorf eingemeindet wurde, erhielt der Bahnhof die großstädtisch anmutende Beschilderung „Segeberg-Nord". Heute genießt man es, daß der Ort nicht das vielleicht seinerzeit er-

Neues Amtsgericht

wünschte Großstadtgepräge bekommen hat. Der Zweite Weltkrieg brachte in Bad Segeberg genausoviel Kummer und Elend wie in anderen Orten. Nur blieb die Stadt vom Bombenregen verschont. So ist noch heute das teilweise ländlich-anheimelnde Stadtbild erhalten, das dem Besucher Segeberg so liebenswert macht.
Seit dem zweiten Weltkrieg hat die Stadt jedoch auch viel getan, um nicht weiterhin nur eine „Ackerbürgerstadt" zu bleiben. Betriebe und Institutionen hat man mit Erfolg in den Ort gezogen. 1962 kam das Panzergrenadierbataillon 182 in die Stadt. 1974 wurde das landesweit bekannte Rehabilitationszentrum gegründet, im selben Jahr in unmittelbarer Nähe ein neues Kurhotel. Auch die Ärztekammer faßte hier Fuß.
Die Evangelische Akademie wurde der Mittelpunkt von Schulungen, Vorträgen und künstlerischen Veranstaltungen. 1980 wurde Bad Segeberg anerkannter Erholungsort. 1985 wurde ein neues Amtsgericht in Betrieb genommen und

weist damit auf die jahrzehntelange Bedeutung Segebergs als Gerichtsort für Stadt und Kreis hin. Man bemühte sich allseits, ein ausgewogenes Verhältnis zwischen den so wichtigen gewerblichen Ansiedlungen und der Verpflichtung, dem Bürger die Stadt lebenswert zu gestalten, herzustellen.

Künstler in Bad Segeberg

Die Tatsache, daß es sich hier gut leben läßt, wird durch ein besonderes Indiz untermauert: Segeberg kann als Stadt der Schriftsteller und darstellenden Künstler gelten. Auf das vergangene Jahrhundert wurde insoweit bereits verwiesen. Es ist aufällig, wieviele Künstler sich in diesem Jahrhundert in der Stadt niederließen und damit demonstrierten, wie kreativ das Umfeld dieser Stadt und der sie umgebenden Landschaft auf sie wirkt. Es können nicht alle behandelt werden. So sollen nur einige hervorgehoben werden.

Die Autorin H i l d a K ü h l, geb. Blunck wurde am 1. August 1921 in Bad Segeberg geboren und lebt hier noch heute. Nach ihrem ersten Hörspiel brachte die „Fehrsgilde" „De Trepp" heraus. In der Zwischenzeit sind über zwanzig Hörspiele und einhundert hoch- und niederdeutsche Kurzgeschichten im NDR und Radio Bremen gesendet worden. Als Bücher erschienen „Suer Melk und Söten Honnig" und „Spanschen Wind und Kuckuckseier". Daneben arbeitet Hilda Kühl für diverse Zeitschriften und Fachblätter. Ihre humorvollen Arbeiten lassen einen ernsthaften Hintergrund nicht vermissen. Sie selbst beabsichtigt „Ernstes mit einem Schuß hintergründigem Humor"[223]) zu schreiben und ist auf dieser Basis eine Repräsentantin der plattdeutschen Sprache, die man nicht missen möchte.

Bei den darstellenden Künstlern sei, neben dem bereits behandelten Moritz Delfs, Professor Karl Storch genannt. K a r l S t o r c h wurde am 28. Januar 1864 als Sohn des Kolonialwarenhändlers Friedrich Storch in Segeberg geboren. Nach einer kaufmännischen Lehrzeit entschloß er sich für die künstlerische Laufbahn. Nach Studien in Kiel und Berlin arbeitete er fast zwanzig Jahre als Maler und Illustrator in Berlin. Sodann wurde er Lehrer an der Königsberger Kunstakademie. Im zweiten Weltkrieg wurde er aus Ostpreußen, das ihm neue Heimat geworden war, vertrieben und kehrte 1944 nach Bad Segeberg zurück. Hier schuf er noch viele Werke mit reizvollen Segeberger Motiven. Am 11. Februar 1954 verstarb er in Bad Segeberg.[224])

Ein begabter Schüler Karl Storchs ist der Segeberger U w e B a n g e r t. Er wurde am 3. November 1927 in Neumünster geboren, wo er

Karl Storch, Das Morgengebet

auch einige Schuljahre verlebte. Er begann nach dem Abitur als Autodidakt und wurde Ende der vierziger Jahre Schüler bei Professor Storch. Es folgten weitere Studien bei Professor Erik Richter an der damaligen privaten Kunstschule auf dem Steinberg in Plön und bei Professor Alfred Mahlau an der Landeskunstschule am Lerchenfeld in Hamburg. Seit 1952 arbeitet er freiberuflich, teilweise gefördert durch Reisestipendien des Landes und des Bundes. In diesem Rahmen verlebte er mehrere Wochen im Jahre 1964 auf dem früheren Gut des norwegischen Malers Ed-

vard Munch in Ekelöy bei Oslo. In seiner altmeisterlichen Malweise vermittelt er in Portraits und Stilleben eine eigentümliche Starrheit, die seine Anhänger als „nature morte" bezeichnen.[225]) Hierdurch wird dem Betrachter die Vergänglichkeit des Lebens bewußt, wie sie zeitweise insbesondere das Hauptthema der klassischen niederländischen Malerei war.
Ein Bildhauer mit einem sehr einprägsamen Stil ist der unlängst verstorbene Otto Flath.

Er wurde am 9. Mai 1906 in dem ukrainischen Dorf Staritzke als viertes von sieben Kindern geboren. Der erste Weltkrieg stürzte die deutsche Bevölkerung des Dorfes und damit auch seine Eltern in Not und Verzweiflung.
Der Vater wurde nach Sibirien verschleppt, die Mutter und die Kinder in Charkow interniert. In den Revolutionswirren fand die Familie wieder zusammen. Über Riga floh man nach Lübeck und fand in Melsdorf bei Kiel eine Bleibe.

Uwe Bangert, Bad Segeberg

Dort besuchte Flath auch die Schule, wo bereits sein künstlerisches Talent auffiel. Er erlernte dann das Handwerk des Elfenbeinschnitzers und arbeitete einige Jahre im ornamentalen Bereich in einer Möbelfirma. Ab 1928 war er auf der Kunstgewerbeschule in Kiel, Fachrichtung

Otto Flath

Bildhauerei. In Kiel begegnete er dem malenden ehemaligen Marineoffizier Willy Burmester und seiner schriftstellerisch tätigen Ehefrau Ellen. Zu dritt zog man 1935 nach Bad Segeberg. Flath wurde von dem Ehepaar wie ein Sohn betreut, ohne daß sich das Verhältnis zu seiner Mutter trübte. Hier konnte er ungestört arbeiten. In den ersten Jahren ist der Einfluß Ernst Barlachs bemerkbar. Doch dann bildete Flath seinen eigenen Stil heraus, der stark von seiner Gläubigkeit geprägt war. In vielen Kirchen, Schulen und Privathäusern Schleswig-Holsteins und in anderen Bundesländern, in Skandinavien, Österreich und Amerika stehen seine Altäre und Skulpturen.[226]) In der Nacht nach seinem 81. Geburtstag, den ihm die Segeberger wieder feierlich gestaltet hatten, verstarb er in seinem Wohnhaus in der Bismarckallee.

Überblickt man die Geschichte Segebergs, die hier keinesfalls vollständig vorgetragen werden sollte und auch nicht konnte, so ist ihr Ausgangspunkt und ihr Schicksal doch immer der Kalkberg gewesen. Der Stuttgarter Naturwissenschaftler Jürgen Hagel, der unzählige historische Arbeiten, insbesondere über den Segeberger Kalkberg verfaßt hat, kleidete diesen Umstand in die treffenden Worte[227]):

„Im Laufe der Geschichte hat die Stadt Bad Segeberg im Schatten des Kalkberges so manchen schweren Tag und so manche Enttäuschung er-

Erhard Schiel, Bad Segeberg, Lübecker Straße

lebt. Sie hat dem Felsen andererseits aber auch viel zu verdanken. Immer hat unser Kalkberg die Stadt zu seinen Füßen mit der weiten Welt verbunden, sei es politisch über die Burg, sei es wirtschaftlich durch die Kalklieferung oder heute durch den Fremdenverkehr. Wünschen wir, daß er dies auch in der Zukunft tun möge, zum Wohle der Stadt und ihrer Bürger:

‚Glück auf Bad Segeberg!'"

Abbildungsnachweise

Folgende Privatpersonen und Archive gestatteten mir freundlicherweise die Veröffentlichung von Abbildungen, wofür ich Dank sage:

Herr Uwe Bangert, Bad Segeberg (Seite 103)

Herr Jürgen Braune, Atelier Foto-Braune, Bad Segeberg (Seite 104)

Herr F. Fischbeck, Kirchenarchiv Bornhöved (Seite 19,20)
Herr Heinz Kelch (Seite 8, 44, 100, 102) mit freundlicher Genehmigung der Stadtverwaltung Bad Segeberg

Landesbibliothek Kiel — Frau Dr. Paczkowski und Frau Krüger (Seite 28, 40, 49, 64, 67, 68, 75, 76, 82, 83, 92, 103)

Herr Dipl. Ing. Knuth Marth, Rendsburg (Seite 25)

Herr Dr. Reinhold Möller, Boostedt (Seite 84, 87, 88, 89, 90, 91, 93, 95, 97, 99)

Herr Erhard Schiel, St. Peter-Ording (Seite 71)

Herr Bernhard Stolle, Lübeck (Seite 71)

Herr Dr. Karl-Rudolf Storjohann, Neumünster (Seite 63)

Herr Heinz Vermehren, Photoatelier, Lübeck (Seite 9)

Wäser-Verlag, Archiv (Seite 73)

Herrn Konrektor a. d. Heinz Sach, Bad Segeberg, danke ich für die Mühe, insbesondere hinsichtlich der lokalen Gegebenheiten, Korrektur gelesen zu haben.

Abbildungsverzeichnis

Karl Storch, Kaiser Lothar und Vicelin auf dem Alberg (Seite 8)

Vicelin, Holzplastik 12. Jahrhundert, mit einem später zugefügten Modell der Kirche zu Bosau (Seite 9)

Grabmal im Kaiserdom zu Königslutter (1708): Richenza, Lothar, Heinrich (Seite 10)

Adolf IV. von Schauenburg, aus Westphalen, Monumenta inedita, 1739 (Seite 19)

Die Schlacht von Bornhöved, Holzschnitt aus: Lübecker Legendenbuch von 1499 (links das knieende Heer der Verbündeten mit dem Lübecker Doppeladler, rechts das dänische Heer, in der Mitte Maria Magdalena, die die Sonnenstrahlen mit einem Tuch von den Verbündeten fernhält) (Seite 20)

Gerhard der Große, Herkunft und Alter des Originals unbekannt (Seite 25)

Johann Greve, Segeberg, Kupferstich 1585, Augsburg aus: Braun und Hogenberg Köln, 1585 (Seite 28)

Christian I. von Dänemark und seine Gemahlin Dorothea von Brandenburg, die Witwe seines Vorgängers Christoph von Bayern (Christoph III.), Renaissance-Kopie, Schloß Frederiksborg, Nordseeland, nach einer zeitgenössischen Altartafel aus dem Schloß zu Sonderburg (Seite 32)

Adolf Burmester, St. Marien zu Segeberg, Bleistiftzeichnung 1850, aus seinen Skizzenbüchern (Seite 40)

Heinrich Rantzau, Öl auf Kupfer, Maler und Datum unbekannt (Seite 44)

Segeberg, Kupferstich aus E. Kieser und D. Meissner, Politisches Schatzkästlein, 1638, Bd. 1, Teil 2 (Seite 45)

K. van Mander, Christian IV. von Dänemark, Ölgemälde v. 1640 (Seite 50)

Franz Liborius Schmitz, Bonn (1726—1827), Silhouette der Familie des Amts- und Bergverwalters H. j. M. Storjohann, v. l. n. r.: Carl Hugo, Rudolf Hinrich, Amtsverwalter Storjohann, Freya, Henriette Louise und deren ältere Schwester Frederike Maria Johanna, geb. Jansen, im Hintergrund St. Marien zu Segeberg (Seite 63)

Segeberg um 1820, nach einer Lithographie von Friedrich Thöming (Seite 64)

Bürgermeister Esmarch und Frau Elsabe, Photographie (Seite 65)

Adolf Burmester, Stipsdorf, Bleistiftzeichnung 1850, aus seinen Skizzenbüchern (Seite 67)

Segeberger Kalkberg, Lithographie von J. Trube, nach einer Zeichnung von J. J. Hörup, um 1830 (Seite 68)

Sanitätsrat Dr. Stolle, Photographie (Seite 71)

Paul Tubbecke, Christian Rohlfs, Ölgemälde 1888 (Seite 72)

Segeberg, Kolorierte Lithographie von Charles Fuchs, Hamburg nach einer Zeichnung von H. Nickelsen um 1850 — s. auch Umschlagbild (Seite 73)

Christoph von Tiedemann, Photographie (Seite 74)

Adolf Burmester, Das Amthaus zu Segeberg, Bleistiftzeichnung 1850, aus seinen Skizzenbüchern (Seite 75)

derselbe, a. a. O. Segeberg 1850 (Seite 76)

Carl Wilhelm Ludwig von Rosen, Photographie (Seite 78)

Panorama von Segeberg, gezeichnet, lithographiert und gedruckt von Friedrich Gottlieb Müller um 1864, hier: Segeberg von Bellevue aus gesehen — unteres Randbild (Seite 82)

derselbe, a. a. O. hier: Segeberg vom Kalkberg aus gesehen — Mittelbild (Seite 83)

Segeberg, Hamburger Straße, Postkarte von 1900 (Seite 84)

Segeberg, Kurhaus, Terrasse, Postkarte von 1926 (Kupfertiefdruck) (Seite 87)

Herrenhäuser Rohlstorf, Wensin, Pronstorf, die Garbeker Mühle, Fa. J. W. Hoffmann, Garbek, Warder, Chromlithographie von 1889, eine der frühesten Postkarten aus Segebergs Umgebung (Seite 88)

Solbad Segeberg, Badeanstalt, Postkarte von 1908 (Seite 89)

Adolf Burmester, Stipsdorf, Bleistiftzeichnung 1850, aus seinen Skizzenbüchern (Seite 89)

Solbad Segeberg, Kalkberg, Postkarte von 1904 (Seite 90)

Solbad Segeberg, Bergschlößchen. Postkarte von 1906 (Seite 91)

Friedrich Mißfeldt, Segeberg (1908—1914), Bleistiftzeichnung, Original in der Landesbibliothek Kiel (Seite 92)

Segeberg, Lithographie nach einer Zeichnung von Otto Speckter, Hamburger Steindruck um 1833, aus: James Edward Marston — Peregrinus Pedestris —, Der Holsteinische Tourist oder Wegweiser für Fußreisende in der Umgebung von Hamburg, Hamburg 1833, zwischen S. 82 und 83 (Seite 93)

Solbad Segeberg, See-Promenade, Postkarte von 1907 (Seite 95)

Segeberg, Obere Lübecker Straße (Seite 97)

Solbad Segeberg, Kurhaus, Postkarte von 1911 (Seite 99)

Segeberg, neues Amtsgericht mit dem ehemaligen Katasteramt (Bergverwalterhaus), davor: Siegfried Assmann, Großhansdorf, Brunnenplastik „Streithähne", Bronze, 1980 (Seite 100)

Karl Storch, Das Morgengebet (im Hintergrund eine Alt-Segeberger Küche mit Beilegerofen) (Seite 102)

Uwe Bangert, Bad Segeberg, Ansichten von Nordosten, Radierung (Seite 103)

Otto Flath in seiner Werkstatt (Seite 104)

Erhard Schiel, Bad Segeberg, Radierung 1984, Andruck im Besitz der Verfasserin (Seite 105)

Handskizzen: Verfasserin.

Bei der Bestimmung der Kupferstiche, Lithographien und Bleistiftzeichnungen bediente ich mich u.a . des Katalogs von:

Max Hamann, Kreis Segeberg, 850 Jahre Stadt Bad Segeberg, Katalog zur Ausstellung von Segeberger Ortsansichten und Stadtmotive vom 17. Aug. — 16. Sept. 1984, in der Remise, Bad Segeberg

Anmerkungen

1) Christian Kuß, Die Stadt Segeberg in der Vorzeit, in: Archiv für Geschichte, Statistik, Kunde der Verwaltung und Landesrechte der Herzogtümer Schleswig-Holstein und Lauenburg (abgekürzt Falcks Archiv) Kiel 1847, S. 1 pp(4)

2) Jürgen Hagel, Die Bedeutung des Segeberger Kalkberges, in: Beiträge zur Heimatkunde, aus der Beilage zur Segeberger Zeitung, „Heimat zwischen den Meeren“, Bad Segeberg 1955, S. 20

3) Otto Brandt, Geschichte Schleswig-Holsteins, 6. Auflage, Kiel 1981, S. 79

4) derselbe, a. a. O. S. 106

5) hierzu eine Übersicht bei Max Dreifke, Segeberg — eine Siegesburg im Heidenland Wagrien, in: Segeberger Zeitung vom 21. Juli 1984

6) Karl Jordan, Die Anfänge des Stiftes Segeberg in: Zeitschrift für Schleswig-Holsteinische und Lauenburgische Geschichte (abgekürzt: ZSHG) Neumünster 1951, S. 59 pp (89)

7) derselbe a. a. O.

8) derselbe a. a. O. S. 92

9) Helmold von Bosau, Slawenchronik, neu übertragen und bearbeitet von Heinz Stoob, Darmstadt 1973, S. 183

10) Hans Siemonsen, Das ehemalige Augustiner Chorherren-Stift zu Segeberg in: Heimatkundliches Jahrbuch des Kreises Segeberg (abgekürzt Jahrbuch Segeberg), Bad Segeberg 1960, S. 27 pp (29)

11) Karl Jordan, a. a. O. S. 159, 160

12) derselbe, a. a. O. S. 83

13) Christian Kuß, Falks Archiv a. a. O. S. 6

14) Helmold von Bosau, a. a. O. S. 209

15) Henning von Rumohr, Dat se bliven tosamende ungedelt, Neumünster 1960, hier: Qualen und Buchwaldt, S. 128 pp (129)

16) Karl Jordan, a. a. O. S. 90

17) derselbe, a. a. O. S. 92

18) Christian Kuß, a. a. O. S. 8

19) derselbe, a. a. O.

20) Hartmut Beseler, Kunsttopographie Schleswig-Holstein, Neumünster 1969, S. 746

21) Christian Kuß, a. a. O. S. 9

22) Karl Jordan, a. a. O. S. 93

23) Hans Siemonsen, a. a. O. S. 29

24) derselbe, Bad Segeberg in neun Jahrhunderten, Bad Segeberg 1983, S. 122

25) Karl Jordan, a. a. O. S. 92

26) derselbe, a. a. O. S. 93

27) Ulrich Lange, Grundlagen der Landesherrschaft der Schauenburger in Holstein, in: Zeitschrift der Gesellschaft für Schleswig-Holsteinische Geschichte (abgekürzt ZSHG). Neumünster 1974, S. 32

28) J. C. Hein, Aus Segebergs Vorzeit, Segeberg 1904, S. 10

29) derselbe, a. a. O. S. 11

30) Jürgen Hagel, Die historische und wirtschaftliche Bedeutung des Segeberger Kalkberges, in: Jahrbuch Segeberg, 1967, S. 89 pp (93)

31) Otto Brandt, a. a. O. S. 93

32) Ulrich Lange, a. a. O. S. 85

33) H. Philippsen, Alt-Schleswig, Schleswig 1924, S. 58

34) Christian Kuß, Falcks Archiv, a. a. O. S. 14

35) Otto Brandt, a. a. O. S. 109

36) Karl Jordan, a. a. O. S. 92

37) J. C. Hein, a. a. O. S. 20

38) Stadtprivileg von 1260 — in hochdeutscher Übersetzung bei Horst Tschentscher, Bad Segeberg 1986

39) Christian Kuß, a. a. O. S. 14

40) J. C. Hein, a. a. O. S. 13

41) derselbe, a. a. O. S. 13

42) J. C. Hein, a. a. O. S. 67

43) derselbe, a. a. O.

44) Jürgen Hagel, Segeberger Sagenschatz, Beiträge zur Heiatkunde aus der Beilage zur Segeberger Zeitung, „Heimat zwischen den Meeren", Bad Segeberg 1963, S. 31

45) Ernst Stegelmann, Aus Segebergs alten und jungen Tagen, Barmen 1900, S. 20; J. C. Hein, a. a. O. S. 67

46) Christian Kuß, a. a. O. S. 15

47) Ernst Stegelmann, a. a. O. S. 10

48) Otto Brandt, a. a. O. S. 102

49) W. Berblinger, Gerhard der Große von Holstein und seine Residenz Rendsburg, Rendsburg 1881, S. 7

50) Heinrich Rantzau, auszugsweise zitiert bei Christian Kuß, a. a. O. S. 15, 16

51) J. C. Hein, a. a. O. S. 14

52) Horst Tschentscher, Die Stadt Segeberg, Bad Segeberg 1982, S. 12

53) Wilhelm Ludwig Carl von Rosen, Der Segeberger Kalkberg, S. H. Landesarchiv, Abt. 400 I Nr. 269, auszugsweise zitiert bei Ernst Kröger, Die Geschichte des Segeberger Kalkbergs in: Jahrbuch Segeberg, 1976, S. 27 pp (33)

54) Kretzschmar, Segeberg im Pfandbesitz Lübecks, in: J. C. Hein, Segeberg, 28. Juni 1914, Verein für Hamburgische Geschichte Heft 15, S. 17

55) derselbe, a. a. O. S. 18

56) derselbe, a. a. O. S. 19

57) Christian Kuß, a. a. O. S. 17, Fußnote 21

58) Wilhelm Ludwig Carl von Rosen, a. a. O. S. 34

59) J. C. Hein, a. a. O. S. 20; Christian Kuß, a. a. O. S. 18

60) Wilhelm Ludwig Carl von Rosen, a. a. O. S. 34; Friedrich Schröder, Rendsburg als Festung, Neumünster 1939, S. 18

61) derselbe, a. a. O. S. 35

62) Christian Kuß, a. a. O. S. 19

63) Peter Hirschfeld, Markgräfin Agnes von Baden, Neumünster 1957, S. 130; G. v. Buchwald, Beiträge zur Geschichte der letzten Schauenburger, ZSHG Kiel, 1881, S. 97 pp (104)

64) Peter Hirschfeld a. a. O. S. 12

65) Gottfried Ernst Hoffmann, Das Ripener Privileg vom 5. März 1460 und die „Tapfere Verbesserung" vom 4. April 1460, in: Henning von Rumohr, a. a. O. S. 21 pp (24)

66) derselbe, a. a. O. S. 82

67) derselbe, a. a. O. S. 83

68) Christian Kuß, a. a. O. S. 19

69) Otto Brandt, a. a. O. S. 139, Kurt Jürgensen, Die Geschichte der Stadt Bad Segeberg in ihrer Bedeutung für das Land Schleswig-Holstein, in: 850 Jahre Bad Segeberg, Bad Segeberg 1984, S. 14

70) Gottfried Ernst Hoffmann, a. a. O. S. 49

71) Otto Brandt, a. a. O. S. 139

72) Werner Carstens, Christian I. und Henning Poggwisch, ZSHG, Neumünster 1936, S. 145 pp (149)

73) P. Hasse, Zu Christian I. Reise im Jahre 1474, ZSHG, Kiel 1877, S. 91 pp (104)

74) Christian Kuß, a. a. O. S. 19

75) derselbe, a. a. o.; Werner Carstens, a. a. O. S. 155

76) Otto Brandt, a. a. O. S. 139, 140

77) Horst Tschentscher, 150 Jahre Segeberger Rathaus 1828 — 1978, Bad Segeberg 1978, (abgekürzt: Segeberger Rathaus), S. 13

78) Horst Tschentscher, Die Stadt Bad Segeberg, a. a. O. S. 16; J. Schwettscher, Wiederaufbau und Entwicklung Segebergs zur Rantzauzeit (1534—1627) in: Jahrbuch Segeberg, 1956 S. 37 pp (43)

79) Horst Tschentscher, a. a. O.

80) derselbe, 150 Jahre Segeberger Rathaus, a. a. O. S. 11

81) Jürgen Hagel, Die Bedeutung des Segeberger Kalkberges, Beiträge zur Heimatkunde aus der Beilage zur Segeberger Zeitung „Heimat zwischen den Meeren", Bad Segeberg 1955, S. 12

82) derselbe, a. a. O.

83) derselbe, Die historische und wirtschaftliche Bedeutung des Segeberger Kalkberges, in: Jahrbuch Segeberg 1967, S. 89 pp (91)

84) derselbe, Die Gipsmühle am Segeberger Kalkberg, in: Jahrbuch Segeberg 1960, S. 89

85) derselbe, Die Bedeutung des Segeberger Kalkberges, a. a. O. S. 12

86) Christian Kuß, Die vormaligen Klöster (Stifte) der regulierten Chorherren Augustiner Ordens in Holstein, in: Staatsbürgerliches Magazin mit besonderer Rücksicht auf die Herzogtümer Schleswig, Holstein und Lauenburg, Band VIII. S. 306; J. C. Hein, a. a. O. S. S. 35

87) H. Finke, Zur Geschichte der holsteinischen Klöster im 15. und 16. Jahrhundert, in: ZSHG 1883, S. 10 pp (152)

88) derselbe, a. a. O. S. 153

89) Christian Kuß, Falcks Archiv a. a. O. S. 20

90) Otto Brandt, a. a. O. S. 148, 149

91) Christian Kuß, Falcks Archiv, a. a. O. S. 20; J. C. Hein, a. a. O. S. 15

92) Christian Kuß, Falcks Archiv, a. a. O. S. 21

93) Otto Brandt, a. a. O. S. 162

94) Ernst Stegelmann, a. a. O. S. 12

95) Hans Siemonsen, Bad Segeberg in neun Jahrhunderten, a. a. O. S. 132 pp (133)

96) Otto Brandt, a. a. O. S. 154

97) Horst Tschentscher, Begann die Reformation in Segeberg bereits 1521? in: Schleswig-Holstein, Husum 1972, S. 5,6

98) Hans Siemonsen, Das ehemalige Augustiner Chorherren-Stift zu Segeberg, a.a . O. S. 32

99) derselbe, a.a . O. S. 34

100) derselbe, a. a. O.

101) Zwar berichtet Heinrich Rantzau, daß der Altar von Meister Brüggemann geschnitzt sein soll, doch ein Vergleich mit dem Bordesholmer Altar widerlegt diese Behauptung. Möglich ist daher, daß das Werk aus der Brüggemann-Schule stammt, bzw. daß der ursprüngliche Altar später gegen den heutigen ausgetauscht wurde, ohne daß dieses in Annalen vermerkt wurde, denn Heinrich Rantzau hätte eigentlich genau wissen müssen, wer der Meister dieses Altars ist.

102) Hans Siemonsen, wie Am. 98 a. a. O. S. 36

103) Johann Schwettscher, Der Untergang des Klosters zu Segeberg, Bad Segeberg 1937, S. 5

104) derselbe, a. a. O. S. 6

105) Christian Kuß, Falcks Archiv, a. a. O. S. 23

106) derselbe, a. a. O.

107) Horst Tschentscher, Segeberger Rathaus, a. a. O. S. 11

108) Baubeginn 1539: Horst Tschentscher, Segeberger Rathaus a. a. O. S. 11

109) Baubeginn 1560: Friedrich Stender, Das Bürgerhaus in Schleswig-Holstein, Tübingen 1971, S. 158

110) derselbe, a. a. O. S. 15

111) Jens Fleischer, Fünen, Neumünster, 1983, S. 33

112) Reimer Hansen, Heinrich Rantzau als Politiker, in: ZSHG Bd. 97 (1972) S. 15 pp (26)

113) Ernst Feddersen, Kirchengeschichte Schleswig-Holsteins, Kiel 1938 (Schriften des Vereins für Schleswig-Holsteinische Kirchengeschichte, Reihe 1 Nr. 19), S. 13

114) Horst Tschentscher, Ein Vortrag über Heinrich Rantzau als Politiker, in: Schleswig-Holstein, Husum 1971, S. 155

115) Reimer Hansen, a. a. O. S. 35

116) derselbe, a. a. O. S. 21

117) Christian Kuß, Falcks Archiv, a. a. O. S. 25

118) Otto Neumann, Eine Reise Christians IV. im Jahre 1595, in: Schleswig-Holstein, Husum 1969, S. 42

119) Olaf Klose, Dänemark, Stuttgart 1982, S. 183

120) Christian Kuß, Falcks Archiv, a. a. O. S. 28, 29

121) A. L. Gräfin zu Rantzau, Die Chronik von Pronstorf Lübeck 1902, S. 55

122) Johann Philipp Ernst Esmarch in: Christian Kuß, a. a. O. S. 70, Falcks Archiv

123) derselbe, Falcks Archiv, a. a. O. S. 70

124) A. L. Gräfin zu Rantzau, a. a. O. I. S. 55; Johann Philipp Ernst Esmarch, a. a. O. S. 70

125) A. L. Gräfin zu Rantzau, a. a. O.

126) dieselbe, a. a. O. S. 56

127) dieselbe, a. a. O. S. 58

128) Otto Brandt, a. a. O. S. 192

129) A. L. Gräfin zu Rantzau, a. a. O. S. 59

130) Christian Kuß, Falcks Archiv, a. a. O. S. 3

131) Otto Brandt, a. a. O. S. 193

132) Hermann Hagenah in: 100 Jahre Segeberg, 1937, S. 46

133) Max Fröhlich, Die Auslegung des Amtes Segeberg im Jahre 1665 unter besonderer Berücksichtigung des Kirchspiels Kaltenkirchen und des Dorfes Henstedt, in: Jahrbuch Segeberg 1971, S. 61

134) derselbe, a. a. O. S. 67

135) Hermann Hagenah, a. a. O. S. 47

136) J. C. Hein, a. a. O. S. 47

137) Johann Schwettscher, Im alten Gieschenhagen, Jahrbuch Segeberg 1963, S. 17; J. C. Hein, a. a. O. S. 23

138) Henry A. Helling Sr. Majestät Amts- und Bergverwalterwohnung in: Jahrbuch Segeberg 1974, S. 171

139) Johann Philipp Ernst Esmarch in: Christian Kuß, Falcks Archiv, a. a. O. S. 72

140) Christian Kuß, zwei Nachträge zur Geschichte und Beschreibung der Stadt Segeberg, in: Archiv für Geschichte, Statistik, Kunde der Verwaltung und Landesrecht, der Herzogthümer Schleswig, Holstein und Lauenburg, Kiel 1847, S. 266

141) Hermann Hagenah, a. a. O. S. 47

142) Johann Philipp Ernst Esmarch bei Christian Kuß, Falcks Archiv, a. a. O. S. 72

143) derselbe, Falcks Archiv, a. a. O.

144) derselbe, Falcks Archiv, a. a. O.

145) derselbe, Falcks Archiv, a. a. O. S. 73

146) Max Röstermundt, Vom ehemaligen Amtshaus im Flecken Bramstedt, Jahrbuch Segeberg 1963, S. 48

147) Christian Kuß, Falcks Archiv, a. a. O. S. 39

148) Ernst Stegelmann, a. a. O. S. 32

149) Christian Kuß, Falcks Archiv, a. a. O. S. 41

150) Traugott Schulze — Gerd Stolze, Die Herzogzeit in Plön 1564 — 1761, Husum 1963, S. 129

151) Christian Kuß, Falcks Archiv, a. a. O. S. 41

152) derselbe, Falcks Archiv, a. a. O. S. 45

153) Lutz Brandt, Heinrich Christian Schumacher zum zweihundertsten Geburtstag, Jahrbuch Segeberg, 1980, S. 45 pp (49)

154) Hans Siemonsen, Bad Segeberg in neun Jahrhunderten, a. a. O. S. 31

155) zitiert bei Christian Kuß, Falcks Archiv, a. a. O. S. 46

156) Johann Schwettscher, Brände in Segeberg im 17. und 18. Jahrhundert, Jahrbuch Segeberg 1962, S. 54 pp (57)

157) derselbe, a. a. O.

158) Hans Siemonsen, a. a. O. S. 36

159) Friedrich Stender, Die Segeberger Altstadt im Wandel, Jahrbuch Segeberg 1979, S. 33 pp (40)

160) derselbe, a. a. O. S. 40, 43, 45; derselbe, Das Bürgerhaus in Schleswig-Holstein, a. a. O. S. 15, 17

161) Hans Siemonsen, a. a. O. S. 107

162) J. C. Hein, a. a. O. S. 65

163) Karl-Rudolf Storjohann, Personalhistorische Studie über Beamte des Segeberger Kalkbergs und Amtsverwalter des Amtes Traventhal, Jahrbuch Segeberg 1982, S. 32 pp (55)

164) Nikolaus Falck, Handbuch des Schleswig-Holsteinischen Privatrechts, 1. Band, Altona 1825, S. 51

165) Jürgen Hagel, Die historische und wirtschaftliche Bedeutung des Segeberger Kalkberges, Jahrbuch Segeberg 1974, S. 171 pp (175)

166) Alfred Kamphausen, Dänemark, München 1980, S. 30

167) Henry A. Helling, a. a. O. S. 175

168) Karl-Rudolf Storjohann, a. a. O. S. 52

169) Jürgen Hagel, Die ersten Bohrungen am Segeberger Kalkberg, Jahrbuch Segeberg 1956, S. 112 pp (122)

170) Christian Kuß, Falcks Archiv, a. a. O. S. 47

171) Kurt Jürgensen, 850 Jahre Bad Segeberg, Segeberg 1984, S. 18

172) Horst Tschentscher, Die Stadt Bad Segeberg, a. a. O. S. 36

173) ausführlich hierzu: Antje Erdmann-Degenhardt, Storm aber reist nach Segeberg, Bad Segeberg 1985

174) hierzu als allgemeiner Überblick: 1826—1926, 100 Jahre Segeberger Kreis- und Tageblatt, Segeberg 1926

175) Lina Rickert, Das Lehrerseminar Segeberg, Jahrbuch Segeberg 1963,
S. 134 pp (135)

176) Den Artikel stellte mir freundlicherweise das Archiv der Theodor Storm-Gesellschaft Husum, Wasserreihe, zur Verfügung

177) auszugsweise zitiert bei Heinrich Henning, Joachim Mähl als plattdeutscher Volksdichter und seine Beziehung zu Segeberg, Jahrbuch Segeberg 1971, S. 162 pp (164)

178) Jürgen Hagel, Ein Künstler der Heimat: Moritz Delfs, Jahrbuch Segeberg 1970, S. 161 pp (165)

179) Max Dreifke, Geschichten frisch ut Leben un deep ut Hart, in: Segeberger Zeitung vom 7. Juli 1984

180) hierzu: Antje Erdmann Degenhardt, Sanitätsrat Dr. Ernst Stolle — ein Förderer Christian Rohlfs, Jahrbuch Segeberg, 1987, S. 47—55

181) Walter Scheidig, Christian Rohlf, Dresden, S. 8; unter dem sog. Institut, auf das Rohlfs in Segeberg geschickt wurde, ist möglicherweise eine Privatschule zu verstehen

182) Hermann Fey, Theodor Storm und sein Landsmann Carl Reinecke, in Schleswig-Holstein, Husum 1956, S. 97

183) Christoph von Tiedemann, Aus sieben Jahrzehnten, Leipzig 1905,
S. 231 pp

184) derselbe, Persönliche Erinnerungen an den Fürsten Bismarck, Leipzig 1898, S. 49

185) derselbe, a. a. O. wie Anm. 184, S. 52

186) Carstens in: Allgemeiner Deutscher Biographie, 17. Band, Leipzig 1883, S. 434

187) hierauf machte mich freundlicherweise Herr Dr. Horst Tschentscher, Bad Segeberg, aufmerksam

188) Thomas Otto Archilles, Vom Leben im Segeberger Amthaus in der ersten Hälfte des neunzehnten Jahrhunderts, in: Die Heimat 1962, S. 185 pp (186)

189) Heinrich Brandt, Dr. Samuel Friedrich Koch, der Halligpastor, in: Die Heimat 1954, S. 259 pp

190) Eberhard Schwarz, Kirche im Travebogen 1684 — 1984, Bad Segeberg 1984, S. 84

191) Otto Brandt, a. a. O. S. 244

192) derselbe, a. a. O. S. 248

193) derselbe, a. a. O. S. 249

194) Kurt Jürgensen, a. a. O. S. 22

195) Otto Brandt, a. a. O. S. 261

196) derselbe, a. a. O. S. 265

197) derselbe, a. a. O. S. 268

198) Arthur Fränzel, Tagebuch Holstein 1863/64 in: Schleswig-Holstein, Husum 1964, S. 50

199) Otto Brandt, a. a. O. S. 272

200) derselbe, a. a. O. S. 293

201) Martin Simonsen, Geschichte des Kreiskrankenhauses Segeberg, Jahrbuch Segeberg 1960, S. 117 pp (119)

202) Hans Siemonsen, Bad Segeberg in neun Jahrhunderten, a. a. O. S. 202

203) Dorothea Heer, Mein Elternhaus, Eine Familiengechichte um die Jahrhundertwende, Segeberg 1955, unveröffentlichtes Manuskript

204) dieselbe, a. a. O.

205) Jürgen Hagel, Die Bedeutung des Segeberger Kalkberges a. a. O. S. 26

206) James Edward Marston, Peregrinus Pedestris, Der Holsteinische Tourist, Hamburg 1833, S. 82, 83

207) Walter Kasch, Bad Segeberg in alten Ansichten, Zaltbommel (Holland) 1979, 2. Aufl. Nr. 14

208) derselbe, Dreißig Jahre Karl-May-Spiele 1952—1981, Jahrbuch Segeberg 1981, S. 118 pp (119)

209) Hagener Zeitung vom 11. Januar 1938, Nr. 8, 3. Blatt

210) Eberhard Schwarz, a. a. O. S. 47

211) Hugo Wulff, Sebarg, De Stadt vun'n Middelstand, 1. und 2. Band, Bad Segeberg 1983

212) Kurt Jürgensen, a. a. O. S. 24

213) Hugo Wulff, a. a. O. 1. Band, S. 7

214) Walter Kasch, Bad Segeberg in alten Ansichten, a. a. O. Nr. 62

215) Hugo Wulff, 1. Band, a. a. O. S. 27

216) derselbe, a. a. O. 1. Band S. 45

217) derselbe, a. a. O. 2. Band, S. 12

218) derselbe, a. a. O. 2. Band, S. 23

219) Walter Kasch, Bad Segeberg in alten Ansichten, a. a. O. Nr. 24

220) Hugo Wulff, a. a. O. 2. Band, S. 21

221) Walter Kasch, a. a. O. Nr. 16

222) derselbe, a. a. O. Nr. 40

223) Roswitha Paysen, Hilda Kühl zum 60. Geburtstag, in: Schleswig-Holstein, Husum 1981 (8), S. 14 pp (15)

224) Hugo Wulff, a. a. O. 1. Band, S. 10; Begleitblatt zur Storch-Ausstellung im Rathaus zu Bad Segeberg 1980

225) Christian Rathke, Uwe Bangert, Bad Segeberg 1984, Einführung

226) Rudolph Jacoby, Otto Flath — der Schöpfer neuer Kirchenkunst, Jahrbuch Segeberg 1956, S. 85 pp (96, 97); Bildband seiner Werke: Gerda Orthmann, Otto Flath, Hamburg, ohne Jahrgang

227) Jürgen Hagel, Die historische und wirtschaftliche Bedeutung des Segeberger Kalkberges, a. a. O. S. 96

Inhaltsverzeichnis

Seite

5 Vorwort
6 Eine Burg auf dem „Alberg"
8 Kaiser Lothar — der Stifter von Burg und Kloster
9 Vicelin — Priester und kaiserlicher Ratgeber
11 Ein Kloster am Fuße der Burg
11 Helmold von Bosau — Klosterschüler zu Segeberg
12 Kämpfe um die „Siegesburg"
14 Die „Siegesburg" — Residenz unter Adolf II.
15 Högersdorf — Vicelins Neugründung
14 Der Neubau einer Stiftskirche zu Segeberg
16 Ein Bischofsdom in Segeberg
17 Die „Siegesburg" und Heinrich der Löwe
18 Adolf III. — Hausherr auf der Siegesburg"
19 Adolf IV. — der Städtegründer
22 Eine Stadt im Schutze der Burg
23 Die „Swarte Greet" — dänische Königin und Segeberger Sagengestalt
24 Mord auf dem Segeberger Schloß
26 Die „Siegesburg" — ein Staatsgefängnis Holsteins
27 Die Verpfändung der Vogtei Segeberg
29 Bischof Heinrich von Osnabrück
30 Adolf VIII. — der letzte regierende Schauenburger
31 Christian I. — ein König auf Schloß Segeberg
34 Segeberg unter Christian I. — eine Stadt des Adels
36 Reformversuche im Segeberger Kloster
37 Christian II. und die „Grafenfehde"
39 Die lutherische Reformation im Segeberger Kloster

Seite

41 Segeberg und Gieschenhagen im Wiederaufbau
43 Heinrich Rantzau — Amtmann zu Segeberg
45 Segeberg im Zeichen des „Goldenen Rantzauschen Zeitalters"
47 Stille vor dem Sturm — Burg und Stadt Segeberg zu Beginn des 17. Jahrhunderts
48 Segeberg im Dreißigjährigen Krieg
52 Segeberg nach dem Dreißigjährigen Krieg
54 Das Amt Traventhal
55 Neue Unruhen nach 1700
57 Ein neues Amthaus in Gieschenhagen
58 Neubauten und Stiftungen
60 Segeberg in den Napoleonischen Wirren
62 Der Kalkberg zu Beginn des 19. Jahrhunderts
65 Segeberg und Gieschenhagen unter Bürgermeister Esmarch
70 Berühmte Zeitgenossen
79 Schleswig-Holsteins Erhebung
81 Die Augustenburgische Bewegung
83 Segeberg als preußische Kleinstadt
86 Segeberger Idyllen
90 Der Kalkberg in der Neuzeit
95 Die Marienkirche im 20. Jahrhundert
96 Segeberg nach der Jahrhundertwende
101 Künstler in Bad Segeberg
107 Abbildungsnachweis
109 Abbildungsverzeichnis
111 Anmerkungsverzeichnis